金融マンが書いた
中小企業のための経営の勘所八策

これが生き残り
繁栄・成長を持続させる要諦だ

大内 修
Ouchi Osamu

近代セールス社

はじめに

筆者は、銀行勤務時代（1970年4月〜1998年5月）およびノンバンク勤務時代（1998年6月〜2012年6月）にお会いしてきた、長期間にわたって繁栄し成長している全国様々な業種の500社以上の中小企業オーナー社長が実践している経営手法や、経営理念・経営哲学、リーダーシップの発揮の仕方、人間性（生き方）・人生観、ものの考え方や捉え方などについて、折に触れ記録してきました。

それを分類・整理したところ、名社長と呼ばれる人たちは、共通して8項目の「経営の勘所」を実践していることが分かりました。

本書は、それを、生き残り繁栄と成長を持続させている中小企業経営者が実践する「経営の勘所八策」として取りまとめたものです。

取りまとめてみて明らかになったことは次の2つの点です。

第一に、業種や事業歴や社長の持ち味や年齢などはそれぞれ異なっても、生き残り繁栄し成長を続ける企業のオーナー社長が実践している「経営の勘所」は共通しており、難度の増す経営環境下において繁栄と成長を持続させるためには、経営者が基本となる「経営の勘所」をしっかりと押さえ実践していくことがいかに重要か、ということでした。つまり、事業経営において繁栄や成長を確実にするための奇手妙手はなく、やはり、経営者自身のたゆまざる誠実な「基本の実践」こそが最重要である、ということでした。

第二は、持続する事業経営の繁栄と成長のためには、その基本的な前提として、「ゆとりある資金繰り」の実践と「金融機関との信頼関係」の確立が不可欠だ、ということが改めて浮き彫りになったことです。

こうしたことを踏まえ、まず**金融機関の役割再確認編**では、中小企業経営者の視点を織り交ぜながら「金融機関の役割」について考え、**経営の勘所八策編**で、生き残り繁栄と成長を持続させている中小企業経営者が共通して実践している経営の勘所を記述しました。

本書は、金融機関の皆さんには、取引先への資金供給（融資）のタイミングを考えたり取引先を定性的に評価する際に活用し、また、中小企業の経営者が、今何を考えどうしたことを次の世代に承継していきたいのかについても感じ取り、そこを理解することにより、取引先との信頼関係を強化するきっかけの一つとして役立てていただきたいと思います。

現役オーナー社長や事業承継中の後継者の皆さんには、「経営の勘所八策」を経営の実践の場で生かしていただき、なお一層の社業発展に役立てていただければ幸甚でございます。

なお、優れたオーナー社長が実践する「経営の勘所」は、部下を持つサラリーマンが良きリーダーとして部下の心をつかみ業績を進展させていく際にもそのまま役立てることができます。特に「四策～八策」は、サラリーマンにとっても学ぶところが多く、現に筆者自身も組織のリーダーとなった際、オーナー経営者から学んだ多くのことを実践に生かしてきました。様々な業種の支店長や部長、親会社から天下った子会社の社長にも役立つノウハウが豊富に含まれておりますので参考になるはずです。

平成25年1月

大内　修

金融機関の役割再確認編

金融機関の役割再確認編

1. 中小企業は日本経済の柱
2. 取引先から信頼される金融機関になるために
3. 運転資金融資のタイミングを見直す
4. 取引先の「定性評価」の重要性を再確認する

1 中小企業は日本経済の柱

２０１２年版中小企業白書から中小企業数や従業員数を見てみますと、中小企業数は４２０万社（全体の99・7％）、従業員数は２８３４万人（同66％）となっています。マスコミや評論家や学者が話題として取り上げるのは、大半が大手企業のことばかりで中小企業の重要性は見落とされがちですが、中小企業がわが国経済を支える極めて重要な存在であることが改めて確認でき、国際的に見たわが国経済の強みが分厚い中小企業群の存在にあることが良く理解できます。

金融機関としても、大企業や与信モデル高スコアの一部優良中小企業にばかり目を向けるのではなく、幅広い取引先中小企業を深く理解し、経済・経営の血液である「おカネ」を健全に供給していく役割の重要性を再認識する必要があると思います。

図表１　中小企業数・従業員数（中小企業白書）

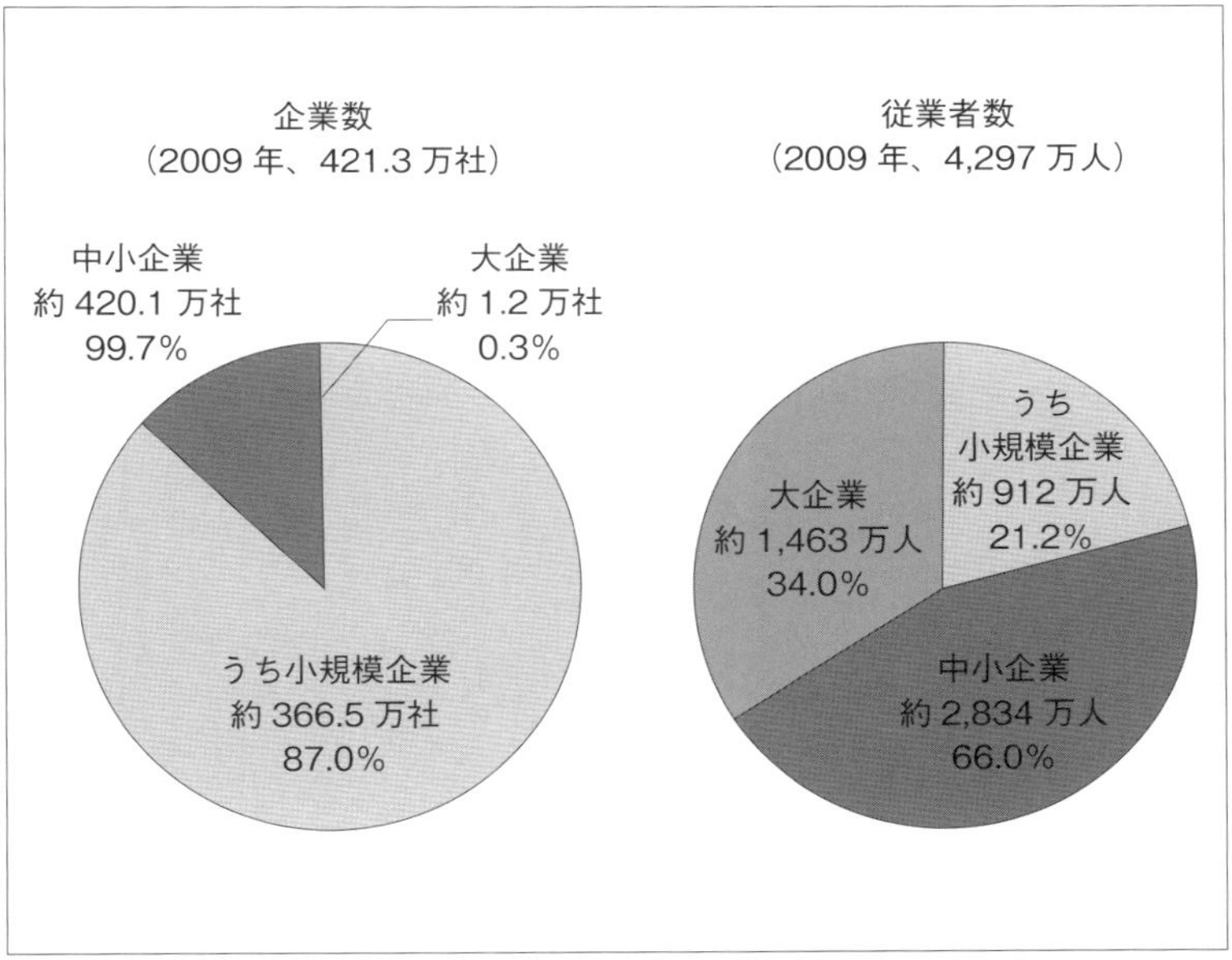

資料：総務省「平成 21 年経済センサス－基礎調査」再編加工

（注）1. 企業数＝会社数＋個人事業所数（単独事業所及び個人事業所・本社・本店）
2. 従業者数＝会社の常用雇用者数＋個人事業所の従業員数
3. 非一時産業を集計している。

図表 2　中小企業の定義

業種分類	中小企業基本法の定義
製造業その他	従業員 20 人以下
商業・サービス業	従業員 5 人以下

図表 3　小規模企業の定義

業種分類	中小企業基本法の定義
製造業その他	資本金の額又は出資の総額が 3 億円以下の会社又は常時使用する従業員の数が 300 人以下の会社及び個人
卸　売　業	資本金の額又は出資の総額が 1 億円以下の会社又は常時使用する従業員の数が 100 人以下の会社及び個人
小　売　業	資本金の額又は出資の総額が 5,000 万円以下の会社又は常時使用する従業員の数が 50 人以下の会社及び個人
サービス業	資本金の額又は出資の総額が 5,000 万円以下の会社又は常時使用する従業員の数が 100 人以下の会社及び個人

2 取引先から信頼される金融機関になるために

(1)信頼されていない金融機関

同じく2012年度版中小企業白書を見ますと、中小企業経営者が経営課題の解決などに際して相談する相手は、顧問税理士や会計士が70％と圧倒的に高く、金融機関（メインバンク）はわずか17％に過ぎません。

要するに、金融機関は中小企業経営者の相談相手としてあまり頼りにされていないのです。

これはなぜでしょうか。その理由を考えてみます。

●雨の時傘を貸してくれない

第一に考えられるのは――比較的多くの中小企業経営者および中小企業を担当先に持つ税理士や会計士が異口同音に言うことなのですが――「金融機関は、好調な時は親切だし様々な支援をしてくれるが、業績不振になって本当にお金が必要になると手のひらを返したように冷たくなる」（雨の時傘を貸してくれない、雨になると傘を取り上げる）、と思われているからではないか、ということです。

図表４　中小企業経営者の経営相談の状況（中小企業白書）

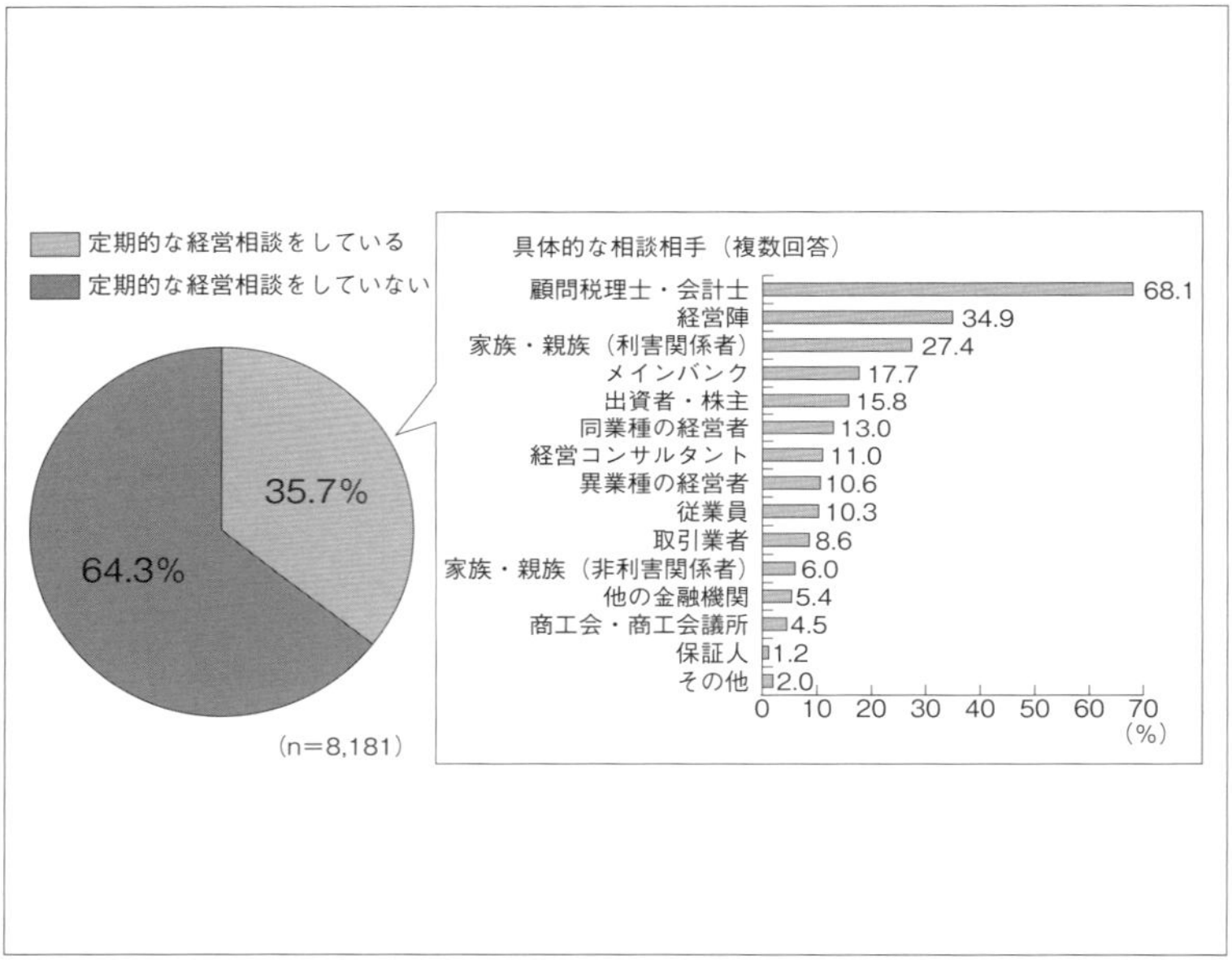

資料：中小企業庁委託「中小企業の経営者の事業判断に関する実態調査」(2011年12月、(株) 野村総合研究所)

(注) ここでいう利害関係者とは、経営陣、従業員、出資者・株主、保証人をいう。

中小企業白書によると中小企業の経営相談において、相談相手は、約７割が「顧問税理士・会計士」、約３割が「経営陣」、３割弱が「家族・親族（利害関係者）」、２割弱が「メインバンク」となっており、日頃から接点の多い、社内外の関係者等が相談相手として選ばれる傾向にある。

事業を長期間にわたって経営していれば、必ず何回か業績不振に陥って資金繰りが切羽詰まることはあるものです。また、事業拡大のためにどうしても必要な資金需要が発生することもあるわけですが、そうした時に「非常に冷たくされた」「支援してもらえなかった」というような、過去に苦い経験を持つ経営者は多いのです。

もちろん逆に、「あの時助けてもらったから今のわが社がある」としみじみ語り金融機関に対して大きな恩義を感じている経営者も結構います。このようなケースでは、取引先と金融機関とが「仕入資金を融資する」「設備資金を融資する」など長期間にわたる取引関係が確立しており、かつその取引先の業績も長期間にわたって比較的安定していて、金融機関もその取引先を重視し、支店長や担当者が交代してもしっかりと引継ぎが行われ相互に信頼関係もできている場合が多く、一時的に業績不振に見舞われても「何とかしてやりたい」という思いが強く働き、良き相談相手になっています。取引先のほうも、厳しい時も好調の時もざっくばらんに本音で相談しています。

地元に根ざす金融機関の中には、企業文化（企業哲学）として、取引先との信頼関係構築に腐心し、苦しい時にこそできる限り取引先のニーズに耳を傾け対応できるようなスキルを磨くため、社員教育を徹底している金融機関もあります。

事業経営と金融は切っても切れない関係にありますから、１００年以上続く老舗企業の多い街や事業歴の長い生産工場が多く存在する地域では、地元に根付く金融機関が、長期間にわたって多くの取引先と相互にしっかりとした信頼関係を築き上げてきていることが容易に想像できます。

中小企業取引に精通し融資判断も的確でかつ「傾聴」姿勢で何事にも謙虚で取引先の良き相談相手になり、業績が落ち込んだ時も（融資してくれるかどうかの最終判断は別にして）親身になって相談に乗ってくれるような立派な支店長に出会うこともあります（もっとも、支店長は2～3年で転勤してしまいますから、立派な支店長の次には普通の支店長が来るケースが多いのですが）。

このようにいくつもの好事例を聴くことは確かなのですが、中小企業経営者や税理士・会計士から耳にするのは、「本当に必要になったときには頼りにならない、頼れない…」という声のほうが多いのです。

特に最近では、長引くデフレ経済と国内市場縮小で長期間にわたって経営維持に苦労し慢性的に資金不足に陥っている取引先が多くなってきていますから、金融機関も積極姿勢になりにくく関係が悪化してきているケースが多くなっているのではないかと思われます。

日頃から、取引先の事業内容の骨格やキャッシュフローを十分理解し、同時に業歴や取引歴や経営者の手腕や商売の特徴など定性的情報も深く認識していれば、リスク判断も適正化され「何とかしてやりたい、何とかできるのではないか」という思いも強くなるはずだと思うのですが、多くの金融機関の本社審査部門や支店長、担当者は、どちらかと言えば「財務数値」を中心に物事を判断してしまう傾向がやや強く、その結果、本当に助けが必要な時に「杓子定規」な対応になって手を差し伸べることができなくなってしまっているような気がします。それが取引先からの信頼を得にくくしている主な要因となっているのではないでしょうか。

金融機関は、様々な業種の企業と取引していますから、経済界や産業界の情報が豊富にありますし、経営相談など実に多様な本社機能もあります。ですから、その気になればより多くの取引先に対してもっと良き相談相手になれる立場にあるはずなのですが、現実は一部の優良取引先等に対してしか良き相談相手になっておらず、こうした諸機能も一部にしか提供できていません。もったいない話です。

取引先の経営状況が好転せず資金繰りに支障が出そうになっている、そんな時こそ親身になって事業内容をより深く理解し「何とかしてやりたい、こういった方法で何とかできるのではないか…」、真剣に考える習慣を身につける必要性を強く感じます

●「足りなくなったら貸す」取引が中心

第二は、昔から金融機関の基本的な融資（貸出）営業が、「資金需要が発生したら融資する（取引先から申し入れがあったら融資する）」という受身融資（受身営業）が主流で

あることです。

もちろん、一部の高業績で審査スコアの高い会社に対する新規工作に際しては、日参して低レートを武器に他金融機関の肩代わりや、すぐには必要ないお金も借りてくれと各金融機関が積極営業していますが、これに該当しない既存の取引先に対しては、相変わらず受身営業が主流を占めています。

しかも、もともと「賞与資金」や「納税資金」など短期資金や、「同額折返し継続」といった習慣的取引が多いことから、中小企業経営者のほうも「その季節になったら相談する、約定返済がある程度進んできたら相談する、資金繰りが厳しくなったら相談する…」という習慣が当たり前となっていて、お互いに、お金の貸し借りのタイミングだけのお付合いになってしまう傾向が強いのです。

こうしたことから、一部の取引先を除けば、取引先と金融機関とは、腰を据えた長期にわたる信頼関係が構築しづらい取引構造になっており、経営全般に関して普段からお互いに気軽に相談し合えるような習慣が成り立ちにくくなっているように思われます。

●リスク回避姿勢が行き過ぎている

第三は、多くの金融機関はバブルの学習からリスク回避姿勢が強化され、当局の自己査定基準も見直され、勢いリスクの少ない国債購入（国への融資）、自治体向け融資、大企業や民間調査機関や社内スコアリングモデルの高評点企業向け貸出等へと傾斜してしまい、金融機関本来の「広く民間に資金を供給し経済を活性化させる」という役割を十分に果たせていないのではないか、という点です。

その一方で、取引の相手が大企業の場合などは、中小企業に対してなら融資判断の際必ず行うような細かいヒアリングなどせず、他行の融資額を見ながら融資判断し、挙句「○億円の貸倒が発生」というようなケースを多々目にします。しかもこのような相手が大企業の場合には、「誤った融資判断」の原因やその責任を追及することはなく、「皆同じように引っかかったのだから仕方がない」と、いとも簡単に割り切って何も学習せず誰も責任をとらないで終わらせてしまうことが多いのではないでしょうか。

結局、自己査定基準の変更や長引くデフレ経済下でリスク感覚が変質し、潜在意識として、「中小企業は資本力がぜい弱でいつ何時どうなるか分からず怖いが、大企業はつぶれることがないから他金融機関の動向とシェアを見ているだけで判断が済み簡単で安心」と考える傾向が比較的強くなってきていて、真剣に中小企業取引先を深く理解しようという姿勢が弱くなってきているのではないでしょうか。

これら3点が、金融機関が中小企業経営者からあまり頼りにされていない主な理由だと考えられます。

⑵原点に立ち返り「取引先を深く理解し」信頼を回復する

東京商工リサーチ調査の企業倒産状況（2012年4月9日付同社財務データベース15万9247社対象）によると、未上場企業のうち最新決算で赤字だった割合は29・32％、また、2010年国税局統計によると、全国の赤字法人数は全体の75％の約200万社に上っています。

中小企業から金融円滑化法に基づく貸出条件変更の申出があった件数等は、金融庁によると、2012年3月末までに貸出債権ベースで308・7万件、8兆5183・9億円あり、そのうち92・3％の284・9万件、7兆9274・7億円が金融機関によって応諾されているとのことで、適用社数は40万社に上るとも言われています。

このように、少子高齢化と生産年齢人口の減少などによりデフレ経済が長引き縮小する国内市場においては、ほとんどの業界で実に多くの中小企業が厳しい経営を強いられており、取引先が繁栄と成長を持続する難度は高まるばかりです。したがって、取引先の中小企業経営者だけでなく金融機関も、従来以上に相互の関係をより緊密にしていく必要があります。

中小企業が生き残り繁栄し成長するためには、その基本的な前提として、「ゆとりある資金繰り」の実践と「金融機関との信頼関係」の確立が不可欠ですから、特に、事業経営に「血液」（お金）を供給する金融機関の役割は重要です。

一部の好業績先だけを追い求めるのではなく、広く多くの取引先の事業内容や経営者の手腕等を今一度深く理解し、取引先から信頼され、お互いにもっと気軽に何事も相談し合えるような関係性を構築し、中小企業の活性化や育成に一層注力していく必要性が高まってきている、と言うことができます。

金融機関が果たすべき主たる役割は、資金需要のある取引先に対して健全な資金を供給することを通じて企業を育成し経済を活性化させていくことにありますから、業績不振に悩んでいる取引先も含めて広くより多くの取引先を一社一社吟味し「どのような金融（融資）サポートが最も合理的で適切なのか」親身になって考え事業内容に踏み込みキャッシュフローに目を配り理解を深め、また業歴や経営者の手腕や商売の特徴など定性的情報も収集していけば、真のリスクの輪郭が明確化し、まだまだ実質的リスクの少ない健全な資金需要を見つけることは可能なはずです。

また、融資タイミングや返済期間等を適正化し並行して相談機能やアドバイス機能を強化していけば、企業を育成していく場面や営業的チャンスも生まれてきます。

(3)金融マンに求められる実務能力

それでは、こうした状況下における金融マンに求められる実務能力とはどのようなものなのか、改めて考えてみたいと思います。

配属される部門によっても大きく異なりますが、ここでは、中小企業経営者と日々接している融資営業最前線の金融マンに関して考えてみます。

●「傾聴」する姿勢

第一に最も大切なことは「傾聴」する姿勢です。

中小企業経営者が最も指摘するのが、「こちら（取引先）の話に謙虚に耳を傾けるのが苦手で、また、どういうわけか一段高い位置からものを見下すようなもの言いをする金融マンが多い」ということです。特に、好業績の時の慇懃な態度と業績不振になった時の見下すような態度との落差が大きい、と言います。

取引先の業種や業績の好不調にかかわらず、決して「上から目線」で対応することはあってはならないことです。これは金融という職業に就く人間が取引先と接する際に求められる最重要なマナーです。ところが、多くの中小企業経営者は、この基本マナーのできていない金融マンが多いと受け取っています。特に、業績が悪化してくると、「何とかできないだろうか…」と親身になって考え取引先の実態を納得いくまで十分に調べ理解しようと最大限努力する前に、貸せない理由を列挙して「もうおたくには貸せません」と簡単に済ませてしまうようなケースが多いと感じているのです。

忙し過ぎるためでしょうか。自己査定（格付け）を気にし過ぎているためでしょうか。あるいは、うがった見方かもしれませんが、不良債権化した時に「誰が判断したのか、判断力が未熟だ」などと追及され、「彼はアクセル（業績伸展）は得意だがブレーキのかけ方（審査判断）を知らない」、そんな評価がついてしまうと出世に差し支える、だからリスクが大きそうに見える案件には最初から消極的になってしまう――そのような潜在意識でもあるのでしょうか。

様々な要因が重なっているとは思いますが、いずれにしても、「何とかしてやりたい、何とかできるのではないか…」と親身になって真剣に考え抜く努力を途中で止めてしまうような思考回路になってしまっている金融マンが増えてきているような気がします。

少なくとも、そう感じている中小企業経営者が多いということは事実です。だから晴れの時は良いが「雨の時は傘を貸さない、傘を取り上げる」などと揶揄されてしまうのです。「傾聴」する姿勢を忘れずに、特に取引先が業績不振の時こそ耳を傾ける姿勢を明確にするべきです。最終的な融資判断がどうなるかは別として、まずは取引先の話に「耳を傾け（傾聴）」「何とかしたい」と思う気持ちが大切です。

この基本的な「傾聴姿勢」と「何とかしたいという思い」（使命感）こそが最も重要です。これさえあれば、融資手法や融資スキルは自ずと身についてくるといっても過言ではないでしょう。

しかし、「傾聴姿勢」と「何とかしたいという思い」がないようであれば、経済や経営の「血液」の役割を担う金融業に携わっている意義は薄らぎ、スコアリングモデルで審査を自動判断する機械のような存在になってしまいます。

誤解しないでほしいのですが、「何が何でも取引先の言いなりになって甘い判断をしてOKにしろ」などと言っているのではありません。重要なことは、どのような結論になるにせよ、そこに至るまでにどれだけ取引先の実情を深く理解し先々の見通しを「傾聴」し、その上で親身になって共感性をもって「やはり本当に無理だろうか、何とか支援できないだろうか、支援できない場合他に何か手はないだろうか…」と真剣に考え抜いたかどうか——このプロセスを経ているかどうか、という点です。

このプロセスさえしっかりしていれば、たとえ結論が「No、あるいは、減額」と出たとしても、取引先もプロの事業経営者ですからその結論に納得し、信頼関係の根幹が揺らぐようなことにはまずなりません。

●取引先の事業（商売）の内容をよく理解する能力

その上で第二に、金融マンには取引先の事業（商売）の内容をよく理解する能力が求められます。単に決算書や納税申告書等に基づいて財務分析をするだけでなく、取引先の社長や幹部にヒアリングし、その業界の市場環境はもとより、財務上の数値のもとになっている仕入れ(どこから何を仕入れ買掛金サイトは…)、売上(どこへ売り売掛金サイトは…)、在庫推移、収支ズレ、経費支払い（主な費用と支払時期…)、足元の売上状況や売掛金回収状況、6ヵ月から1年程度先の売上見通しなど、商売の骨格（骨組み）を知り、その基本となる先々1年間程度の大まかなキャッシュフローを理解することが重要です。

コンピュータではじき出された財務分析を理解することももちろん大事ですが、その財務数値のもとになっている取引先の商売の骨格を理解しておかなければならない、ということです。特に中小企業の場合、資産規模もそんなに大きくありませんから、すでに確定した過去の財務数値のみの机上の判断では生きた現況を知ることはできず適正な融資判断もできませんし、「企業を育成する」という金融機関本来の役割を果たすこともできません。

取引先の事業内容の骨格や収支ズレの中身が分かり基本となるキャッシュフロー（資金繰り）が理解できれば、取引先の実態が明確になってきます。

●取引先の定性的な情報を大切にする

第三は、取引先の定性的な情報を大切にすることです。

取引先の業歴（○年間続いている)、取引期間、社長の経営手腕や人柄（人物像)、後継者の状況や社員の資質、会社の雰囲気、他にない特異性、業界内での位置付け、一族の状況、資産背景、他の取引金融機関との関係、法令順守状況…等々、数字に表れない定性的な情報はとても重要です。

もとより定性的な情報に頼り過ぎてもいけませんが、特に中小企業の融資判断等においては、財務数値と同等程度の重要度を持つ情報と位置付け、日頃からできるだけ定性情報を収集する習慣をつけておくことが大切です。

充実した定性的情報と財務数値、そして事業内容の骨格と基本となるキャッシュフロー（資金繰り）を組み合わせれば、取引先への理解は深まり、審査精度も上がり、取引先と金融機関相互の信頼関係も次第に確立できてきます。

――金融マンが取引先を深く理解するためには、「傾聴」する、取引先の事業（商売）内容をよく理解する、取引先の定性的な情報を大切にする――これら3つの実務能力を備え高めていくことが求められます。

(4) 急激な方針変更や引継ぎ漏れを改善する

中小企業白書によると、中小企業経営者から見て金融機関の担当者の交代は大きな悩みごとの一つになっていることが分かります。

図表５　担当者等の頻繁な交代

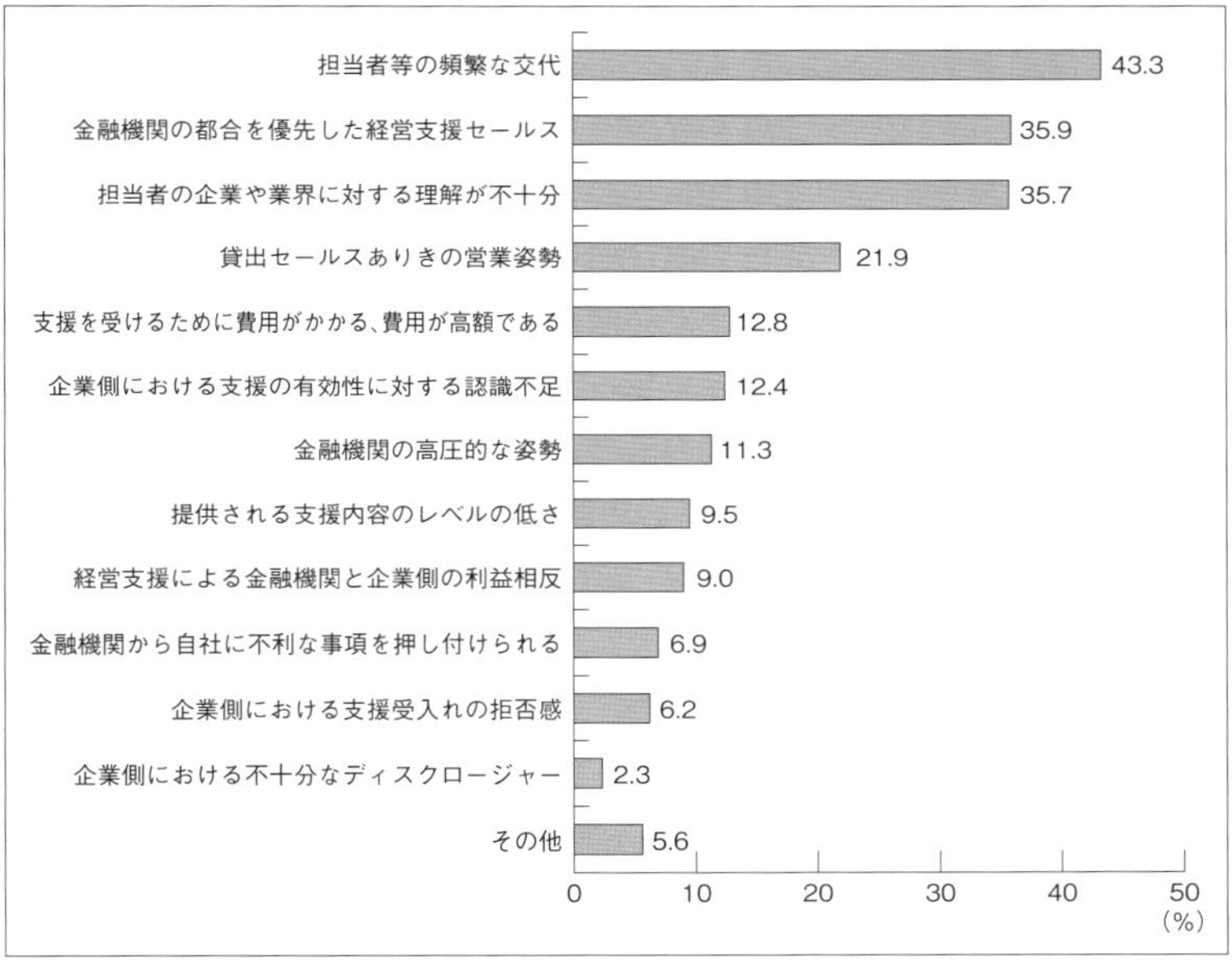

資料：中小企業庁委託「中小企業を取り巻く金融環境に関する調査」（2011 年 12 月、みずほ総合研究所（株））

中小企業が考える金融機関の経営支援推進上の課題を見ると、「担当者等の頻繁な交代」と回答する割合が４割強と最も高く、「担当者の企業や業界に対する理解が不十分」と回答する割合よりも高い。

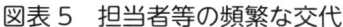

多くの中小企業経営者から聴かれることですが、金融機関の支店長や担当者の交代で取引方針が変わったり、引継ぎが十分に行われず今までの取引関係がうまく継続できなくなったりして、迷惑に感じることがしばしばあるようです。

もちろん、金融機関本部方針の変更や目標値の変化もありますので、一概に支店長や担当者だけの責任とは言えない部分もありますが、たとえば支店長の今までの経験による業務知識や審査判断に関する実践的知見の大小、性格や能力、人柄（誠実かどうかなど）、保守的か積極的か、営業畑か管理畑か、取引先をより正確に理解して金融としての役割を果たそうという強い思いがあるかどうか、それを部下たちに示しリードできるかどうか、などで取引方針が変わってきます。人によってはサラリーマン特有の単なる「前任者批判」のような浅はかな考えを持っているケースもあります。

こうした様々な理由によって、支店長や担当者の交代で実際に取引方針が変化することがあるのです。

今までの担当者なら、商売の骨組みや基本のキャッシュフローを理解してくれていたから「すぐに分かってくれる」ようなことも、引継ぎが十分にされなかった結果、新担当者に一から説明し納得するまでに相当の時間がかかった、というような話もよく聴きます。

一人ひとり個性や経験や実務能力の異なる人が業務に携わっている上に短期間での引継ぎですから、交代の都度微妙に取引方針が変わることはやむを得ないのですが、金融は事

図表6　金融機関の経営支援の継続性

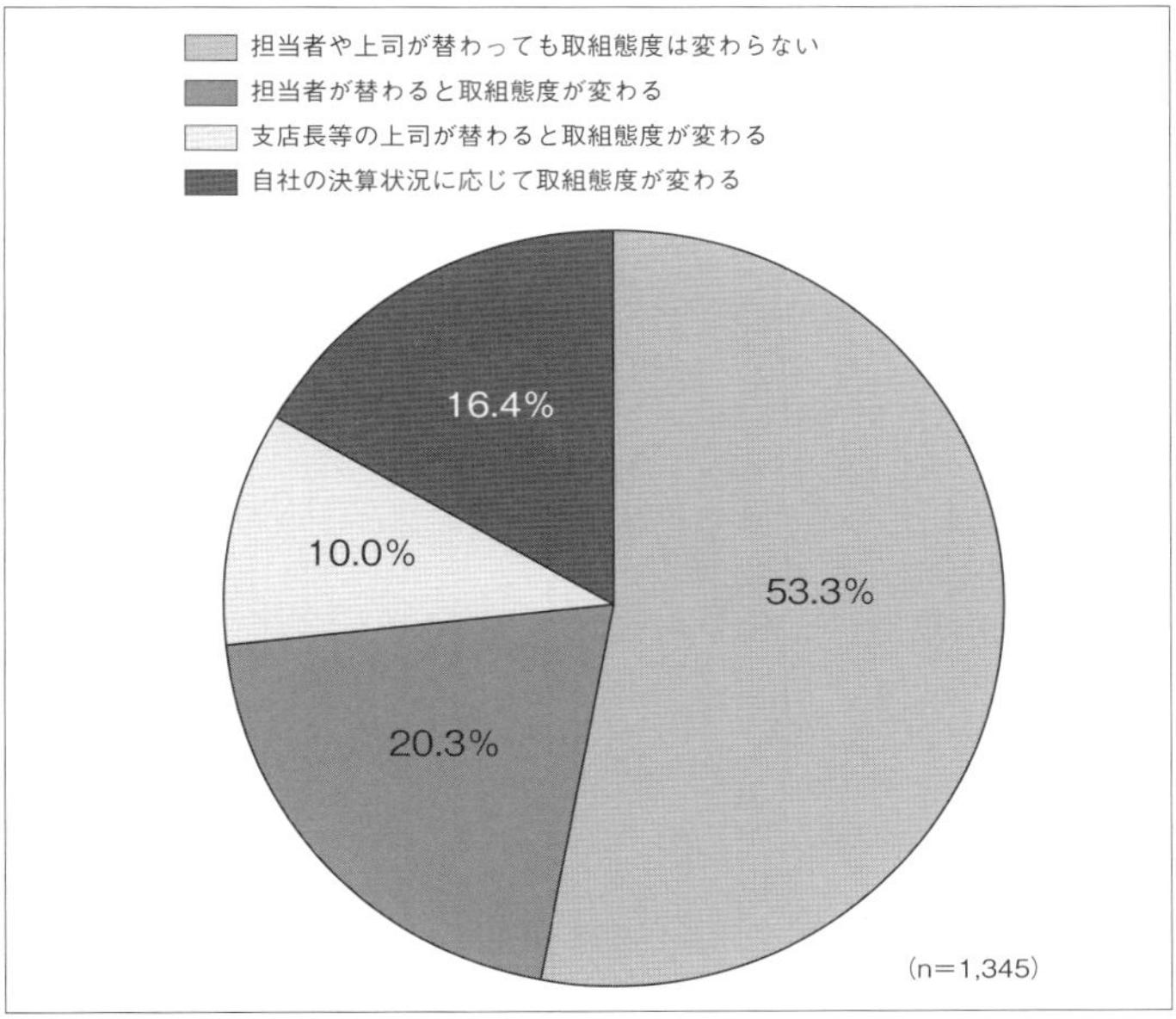

資料：中小企業庁委託「中小企業を取り巻く金融環境に関する調査」(2011年12月、みずほ総合研究所（株))

経営支援を受けたことのある中小企業のうち、「担当者や上司が替わっても取組態度は変わらない」と回答する割合が過半を占めているものの、「担当者が替わると取組態度が変わる」「支店長等の上司が替わると取組態度が変わる」と回答する割合を合わせると、３割に上る。このことから、中小企業は金融機関の経営支援に対して、属人的な理由で変化するものであり、継続的に行われていないと感じていることが見て取れる。

図表７　中小企業が今後望むこと

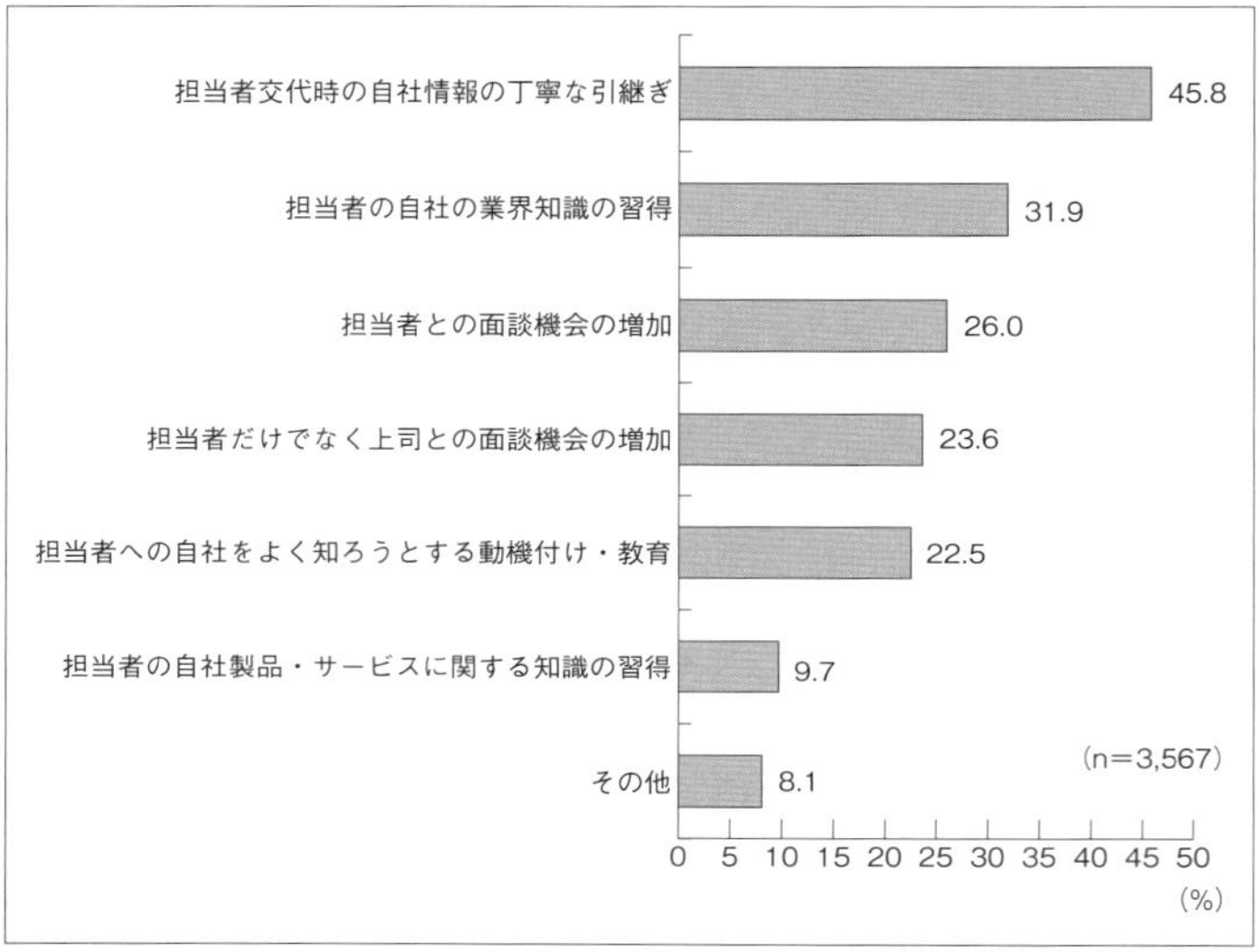

資料：中小企業庁委託「中小企業を取り巻く金融環境に関する調査」(2011年12月、みずほ総合研究所（株))

中小企業が今後金融機関に望むことを示したものであるが、「担当者交代時の自社情報の丁寧な引継ぎ」と回答する割合が最も高く、「担当者の自社の業界知識の習得」を望む割合よりも高い。中小企業は金融機関に対し、蓄積された自社情報に基づく取引関係を続けることを望んでいると考えられる。

業経営に「血液」を供給する役割を担っており、他の産業と比べて取引先事業経営への影響度が極めて大きい業種ですから、「ブレない」努力がより強く求められますし、引継ぎ漏れの起きやすい取引先の重要な定性的情報等に関してはより確実な引継ぎが行われなければなりません。

金融に携わる多くの人々は、この点、つまり、「金融は事業経営に『血液』を供給する役割を担い、取引先事業経営への影響度が極めて大きい業種で、引継ぎはより慎重に行うべきである」という基本認識を改めて徹底しておく必要があると思われます。

⑸決算数値の社長ヒアリングを定着させる

金融機関にとって、取引先の決算数値ヒアリングは相互の信頼関係を継続的に維持していくために極めて重要な業務手続きの一つとなっています。

このヒアリングについて現実を見ますと、金融機関に対して決算の都度社長が律義に説明する取引先がある一方で、いつも担当部長が説明する先や決算書を送ってきたり窓口に置いて済ませてしまう先もあり、状況は様々です。

それは必ずしも取引量の多寡で決まるものではなく、取引先経営者の物事の考え方（ことの軽重の判断）次第です。

しかし金融機関の側からすれば、融資に関連する取引をしている限り、会社の全体像を見渡せる社長から直接、決算内容はもちろん直面している経営課題や売上見通しなどを聴くことは、現在および今後の取引方針等を考える上で極めて重要ですし、取引先との信頼関係を構築しそれを継続的に維持していくためにも欠かせません。

ですから、少なくとも融資額が大きい先や重要先であるにもかかわらず社長が決算説明していない取引先については、「社長に来ていただきご説明いただきたいのですが」と申し入れ、社長に決算説明してもらう習慣を定着させることが大切です。

社長からは、決算内容のほか、中長期の経営方針をヒアリングし、販売先の景気はどうか、昨年と比較して販売先は好調かどうか、売掛金の回収状況はどうか、仕入先の景気はどうか、先行きの市場の見通しはどうか、設備投資の計画はあるのかなど、経営の全体像が浮き彫りになるよう多面的なヒアリングをすることが重要となります。

その際、たとえば、中長期（3～5年）の具体的な経営計画がないようであれば、策定するよう指導します。小口の未回収売掛金が多い取引先に関しては「面倒がらずに発生の都度回収努力」をするよう指導します。

商売の細部に立ち入って取引先社長と会話することで、取引先のニーズも分かり金融のプロとしてサポートしたりアドバイスすべき点も明らかになってきます。

取引先の繁栄や成長にとって、金融機関との取引や金融機関のサポートは欠かせませんから、金融機関サイドも、社長からの決算説明の機会を通じて、相互により深く理解し合い信頼関係を確立しそれを維持していくことの重要性を知ってもらうよう、努力していく必要があります。

ところで、決算ヒアリングで金融機関が重視している数値は、損益計算書（P／L）より貸借対照表（B／S）だと思います。

もちろん損益計算書上の売上高や経常利益や当期純利益は最大関心事ですが、審査判断に際しては、自己資本比率や資産・負債内容により多くの興味が湧きます。企業の基礎体力はどの程度なのか、担保になりそうな資産はあるのだろうか、不透明な投資勘定や仮払・仮受勘定はないだろうか、長短の資産バランスや売掛金と買掛金のバランスはどうだろうか、含み益（損）はあるだろうか、というような点について、金融機関はより興味を持っています。

しかし、現在のような長期にわたる国内市場縮小時代においては、もともとバランスシートが弱くなる傾向（利益減少で自己資本比率の改善ピッチが弱い状況）にありますから、特に資産総額が少ない中小企業においては、ちょっとした事業環境の変化で一瞬にして財務内容も変わってしまいます。したがって、取引先の財務内容をより正確に理解するためには、過去の数値であるB／Sの分析に加え、P／L、特に過去1～2年から足元までの月次売上高・売上総利益推移をチェックし、今後の売上見通しや収益予想を十分ヒアリングし、資金繰り予想も聴く重要性が増してきています。

融資額の大きい重要先などに関しては、決算まで待つのではなく、月次の売上高・売上総利益等の実績や資金繰りを毎月定期的にヒアリングし資料を提出してもらうことも大切です。

中小企業が繁栄と成長を持続する難度が高まる厳しい時代にあって、事業経営に「血液」（お金）を供給する金融機関は、従来以上に取引先中小企業経営者との関係をより緊密にしていく必要があります。

中小企業経営者の本音の思いを汲み取り、金融のプロとして、改善すべきは改善し、指導すべきは指導し、相互の信頼関係をより強くしていくよう努力することが大切です。

3 運転資金融資のタイミングを見直す

(1)運転資金融資の現状

先にも触れたとおり、従来から金融機関の融資姿勢は、基本的に「足りなくなったらその時点でその分を貸す」というものです。取引先のほうも、「足りなくなるから(なりそうだから)借りる、相談に行く」という考え方です。その結果、多くの金融機関の融資(貸出)取引は、「賞与資金」や「納税資金」などの短期資金や、同額折返し継続といった中期資金など、習慣的な取引が多くなることになります。

しかし、「賞与資金」や「納税資金」は、いずれも本来は「儲けた手元のお金から支払うべき」性格のお金です。同額折返し継続の中期資金も、習慣のように繰り返しているうちに、実際のところ取引先のどの部分の資金繰りに充てられどう役立っているのか、不明確になってしまっているケースも多いのではないでしょうか。

本来、もしそれが、広い意味で運転資金の一部になっているようなら、借入金額を見直すなどして仕入資金借入へと組み替えていくようにするのが妥当ですし、基を辿れば「赤字補てん資金」だったのなら、折り返さないで返済期間を長期化するなどして儲けから返済し切ってもらうべきです。設備投資の不足分を補っているようなら、設備の償却に合わせて返し切ってもらうのが筋でしょう。

いずれにしても、資金使途と返済原資は一致させておくことが基本です。

ところで、中小企業経営者からよく耳にするのは「商売は順調で決算上利益も出ているのにいつもお金に追われている、儲けの実感が湧かない（儲けが現預金として貯まっていかない）」という話です。日銭商売の場合は別ですが、儲かっていても「お金に追われている」経営者は意外に多いのです。

これはどうしてなのでしょうか？

(2)基本となる運転資金供給のタイミング

そもそも「儲けから支払うべき性格の資金」や「どこに使われているか判然としない資金」を貸すというのは、金融機関としてやや違和感があります。

本来、儲けから支払うべき資金は手元の現預金から支払うべきなのです。資金使途はできるだけはっきりさせておかないと返済原資が不明確になり、返済が約束どおり進んでいくかどうかの判断がつきにくくなる恐れもあります。中小企業経営者も、儲けから支払うべきお金を借りて支払うことにそこはかとない「不安」を感じ、習慣的に借りている反復継続するお金も「どこに使っているのか…」と思う時がある、と言います。

もちろん、中には「足りなくなればいつでもどの金融機関もその日のうちに貸してくれる」と豪語し、「足りなくなったら借りればよい、金利もばかにならないからそのほうが合理的だ」と考える取引先もあります。

しかしこうした例は一部の好業績企業に限られ、多くの中小企業はそうも言ってはいられません。

そこで金融機関は、「本来儲けから支払うべき性格のお金」や「何に使われているか分からないようなお金」を貸すという姿勢を改め、つまり「足りなくなったら貸す」「約定返済が進んだから同額貸す」のではなく、「足りなくなる前に貸す、仕入れ（在庫）に対して資金供給する」という踏み込んだ能動的な融資へと変換していく必要があるのではないかと思われます。

●「収支ズレ」が資金需要の根幹

取引先の商売の内容に深く立ち入りキャッシュフローを精査していけば、運転資金需要の根本の原因が「収支ズレ」（仕入支払と売上入金のズレ）にあることが分かります。

売上が順調に伸びて仕入れが増えていけば「収支ズレ」の金額は拡大します。売上が減少していけば「収支ズレ」の金額は縮小します。売掛金が踏み倒された場合や期日を過ぎても入金のない場合には、資金繰りが厳しくなりますからすぐに資金繰りは悪化します。

これも広い意味で「収支ズレ」です。

取引先の「収支ズレ」を踏み込んでつぶさに見ていくと、たとえば売上の粉飾があったり大口の未回収売掛金や多数の未回収小口売掛金があるなど、思わぬ発見をすることがあります。「収支ズレ」に見合う資金を融資しているにもかかわらず資金不足が生じるようなら、儲けに対して費用が高いとか、社内で不正が行われているなど、他の要因があることが分かります。

いずれにしても、運転資金においては「収支ズレ」が資金需要の根幹を成しますから、仕入れを手元資金でやり繰りしていくとどうしても後々の資金繰りが継続的に厳しくなります。この結果、賞与資金や納税資金、折返し資金を借りなければならなくなり、商売は順調なのにいつもお金に追われている、儲けの実感が湧かない（儲けが現預金として貯まっていかない）、という経営者が多くなってしまうわけです。

金融機関としては、「収支ズレ」の実態を理解して、できるだけ仕入段階で資金を投入し、ゆとりある資金繰りを実現してあげるよう努力する必要があるのです。

取引先の商売の内容に深く立ち入りキャッシュフローを精査し、「収支ズレ」の期間や金額がどの程度なものか理解した上で、手元現預金の多寡も考慮し、仕入段階で適切妥当な額の資金を投入（融資）し、売上回収時点で返済してもらうような取引を繰り返していけば、取引先にとっては後々の資金繰りがぐっと楽になります。金融機関にとっても既存の融資も担保も見直し、整理して融資取引全般を単純化する良い機会にもなります。

詳細については59―67ページをご覧いただきたいのですが、具体的には、仕入支払の都度融資し、売上回収の都度返済してもらう方法（これだと融資手続きの手間がかかります）や、月間仕入額の6～12ヵ月分をめどに一括して融資し、基本の収支ズレ期間（たとえば2ヵ月）ごとに少額の返済（売上総利益の一部を原資とした少額の約定返済）をしてもらうことを前提に、返済期間は2～3年程度の中長期資金を供給し、返済が進んでくればたとえば6ヵ月ごとに返済額と同額の折返しの融資をする方法があります。

その際、賞与資金や納税資金に関する融資がある場合にはそれらも整理し、これに一本化します。

もちろんこの考え方は、仕入れたものが順調に売れて次の仕入れにつながっていくような、仕入れと売上回収が順調に循環していることを前提にしていますから、売掛金が未回収になったり仕入れたものが売れなければ（不良在庫）、返済が滞るなど資金が固定化するリスクにつながります。それに、与信期間が延びればそれだけリスクも増えますので、担保や保証など、新たな課題も発生します。また、仕入段階での融資は取引先の商売の動向（仕入れと売上の循環）を常に細かく把握しておく必要があり、それだけ担当者の実務上の負担もかかってきます。

しかし取引先は、仕入段階での中長期資金の導入で資金繰りが安定し、本来儲けから支払うべき賞与等は借りなくて済むようになります。手元現預金は次第に潤沢になっていきますから、取引先の事業経営は円滑になっていきます。結果として与信リスクも軽減できることになります。

経営者の手腕や商売の内容や将来性、実質リスクを加味しながら、一部の取引先から始めてみることをお勧めします。

閑話休題①

●資金需要がない？

金融機関の融資残高は、最近、国や地方公共団体等公的セクター向けを除けばほとんど伸びていません。その理由としては、「民間企業は、景気が低迷し売上高も伸びず新しい資金需要が発生しないからだ」と言われています。

しかし、金融機関の資金供給のタイミングを「仕入れ」段階に移し取引先の手元資金を潤沢にするように動けば、民間企業にもまだまだ資金需要はあります。

このことは一見、金融機関の融資が取引先の預貯金に変化するだけのように見えますが、お金を経営者の手元に移しておけば、儲けから支払うべきお金を借りなくて済むだけでなく、経営者が商機をうまく掴む可能性が広がります。

事業経営をしていると、お金が用意できなくて突然訪れた商機を逃してしまうケースは意外に多いのです。

●仕入資金を借りている典型事例

ご存知かと思いますが、自動車ディーラーの中には、車両仕入資金を全額メーカー系ファイナンス会社が供給し、売上回収ごとに返済すれば済むようにしてディーラーの資金繰りを安定化させているケースがあります。また、売上回収サイトと仕入支払いサイトをほぼ一致させ仕入資金負担を軽減しているケースもあります。

いずれも、仕入れという商売の元入れのところで必要資金が供給されるため以降の資金繰りは極めて楽になっています。

ノンバンクは元手となる資金を金融機関から借りて（＝お金を仕入れて）それをお客様に貸します（売り上げます）。貸したお金から生まれる利子が収益となります。要するに事業の元入れ資金を借りています。

プロジェクトファイナンスでは、プロジェクトに必要な資金（仕入原価）はすべて借入で賄い、完成時に売上として資金を回収してそのお金で返済し残った分が収益となります。

いずれも「仕入（元入）段階」での借入です。

⑶設備投資資金は保守的に

運転資金においては「収支ズレ」が資金需要の根幹ですが、もう一つの資金需要の柱が設備投資資金です。繁栄し成長している取引先は積極的に設備投資をします。

金融機関も相談を受けるケースが多いと思いますが、昨今のように国内市場が継続的に縮小している状況下では、金融機関としては基本的には保守的な立場で様々なアドバイスをするのがベターです。

経営学者やコンサルタント、功なり名遂げた大企業のトップの中には「積極的にリスクテイクしなければ経営ではない、中小企業経営者はもっとリスクをとって積極果敢に投資するほうがよい」などと格好の良いことを言う人が多いのですが、財務に余力があり資金調達力が存分にある超優良巨大企業なら話は別ですが、中小企業で積極的にリスクテイクできるほどの財務的なゆとりのある取引先はそう多くありません。

それに、リーマンショックで明らかになったように、経済不況が突然他国からやってくるグローバルな時代になっていますし、自然災害も多くなってきているなど、不確実性が増してきていますから、基本的に、積極的にリスクテイクできるような環境にはありません。

少なくとも、投資時点で「リスクの取り過ぎではないか」と明確に分かっているような投資は当然に避けるべきです。

もちろん金融機関の現場では、他金融機関との競争が激しいため、投資の妥当性を冷静に検討したり取引先に詳細をヒアリングし相談するようなゆとりはなく、目標達成のために「絶対に他金融機関に獲られるな、シェアは必ず確保しろ」とばかり、勢いで取り組んでしまうようなケースも現実にはあるでしょう。

しかし、それでも投資に関して融資相談があった場合には、必ず投資内容と採算見通しについて納得いくまでヒアリングしなければなりません。その結果、仮にその投資に対する所見が他金融機関より「辛口で厳しい」ものであっても、伝えるべきことは伝えるという姿勢を貫くことが、プロとしての役割です。

4 取引先の「定性評価」の重要性を再確認する

融資判断に際しては、取引先の財務的数値に加え、業歴（○年間続いている）、取引期間、社長の経営手腕や人柄（人物像）、後継者の状況や社員の資質、会社の雰囲気、他にない特異性、一族の状況、資産背景、他の取引金融機関との関係、法令順守状況など、数字に表れない定性的な情報はとても重要です。

これに頼り過ぎてもいけませんが、中小企業の融資判断等においては財務数値と同等程度の重要度を持つ情報と位置付け、日頃からできるだけ定性情報を収集する習慣をつけておくことが大切です。

取引先を多面的に理解し深く知れば、実質的なリスクの輪郭もより明確になり、取引先を見る目を養うことができ、積極的な営業活動も可能になります。

●「社長の経営手腕」が重要

リーマンショックや急激に進んだ円高等に対して、「予測不可能だったから仕方がなかった」と、巨額の赤字を出しても平気な顔をして責任も取らない大企業サラリーマン社長もいますが、中小企業経営者は、それが偶発的なものであろうがなかろうが、遭遇するすべてのリスクに対して言いわけもできず救済策の手も差し伸べられず、ただひたすらそれを全身で受け止め乗り切っていくほかありません。

したがって、業種も社長のタイプも様々ですが、事業経営を繁栄させるのも衰退させるのも、結局はすべて「社長の腕次第」、ということになります。

ですから、金融マンとしては、社長の経営手腕を日頃から冷静に観察しておくことが極めて重要です。

観察しておくべきポイントは、要約すると次のような点です。

①法令を順守し常に誠実で信用を重視し「王道」を歩んでいるか

②事業の最前線の現場の細部にまで目が行き届いているか

取引先を訪問する場合は、社長や経理部長に会ってそれでおしまいにするのではなく、いつも受付をしてくれる社員に「最近景気はどう?」「社長は元気?」などと声をかけたり、社員の会話に耳をすませたりして、積極的に取引先の雰囲気や実態を知るようにします。工場や研究所が別の場所にある場合には、それを見せてもらうなど取引先の「現場」に接するチャンスを増やしていくようにします。社長の目がどこまで行き届いているか分かってきます。

③社員の声に耳を傾けているか、超ワンマンで聴く耳を持たず裸の王様になって経営にリスクが発生していないか、職場には活気があふれ社員一人ひとりが生き生きと業務に励

んでいるか

特に超ワンマンタイプの取引先に関しては、独断が行き過ぎて事業経営が傾き始めていないか、別の方向へと進んでいないか、社内でもめ事がないか、など注意深く見守っていく必要があります。必要に応じて役員や幹部や社員の声に耳を傾けるようアドバイスすることも大切です。

④自社の強み弱みを把握するために同業者を学ぶ姿勢が強く、研究熱心かどうか

社長から、同業他社の状況を聴くようにします。どの程度他社を意識し学ぼうとしているか、同業者と比較した自社の強みや弱点を承知しているかどうか。経営者としての本気度が分かります。

なお、取引先から「情報交換したいことがあるので同業者を紹介してほしい」というような相談があった場合には、本社機能も活用してふさわしい取引先に声をかけ、了解してもらえるようなら積極的に紹介します。金融機関にとって取引先を結び付ける「橋渡し」（ビジネスマッチング）は重要な役割の一つです。

⑤経営理念や経営哲学、経営ビジョンが明確で、事業に対してひたむきな情熱や変わらぬ強い信念を持ち続け実によく働いているかどうか

取引先の社長と話をする場合は、決まり切ったゴルフの話と天候の挨拶ばかりではなく、商売に関してどのような「信念」を持って臨んでいるのか、経営哲学はどういったものか、

過去にどのような経験をしてきているのか、これまでどんな苦労に遭遇しそれを乗り越えてきたのか、趣味や得意は何かなど、そういった社長の「人間性」や「事業への熱き思い」に触れるような会話もします。

「信念」の強さや情熱の大きさだけで事業が持続的に繁栄し成長するわけではありませんが、少なくとも自分の事業に対して「強い信念」がないようであれば、厳しい時代を乗り越え生き抜いていくことはできません。

これらの点を注意深く観察し、トータルとしての経営手腕がどのようなものか、把握するよう努力することが大切です。

●その他の取引先定性評価のポイント

社長の経営手腕と同時に次のような点も把握しておきたいものです。取引先への理解がさらに深くなっていきます。

①業歴

取引先の業歴は最も重要な評価項目の一つです。業歴が長い取引先であれば、長期間にわたって市場（取引関係者）から信用され信頼を受けてきていることが分かります。また、その歴史の中で様々な波風を受けてきた経験があります。順風満帆の時もあれば沈没寸前の苦しみを味わったこともあるでしょう。多くの課題に直面し、それを乗り越え今日に至っているわけですから、事業経営に関するノウハウも豊富でしたたかさを持つケースが多く、今後も生き残っていく可能性が高いと言えます。逆に事業歴が短い場合には、これからどうなっていくかは、まさに社長の腕次第ということになります。

②独自性等

どのような点に強みがあるのか、独自技術やノウハウ等競争他社に負けない特徴があるのかどうか、市場におけるシェアはどの程度かなど、他に特出する独自性があれば生き残る可能性が高まります。

③取引期間・他金融機関との取引関係

その取引先とどのくらいの期間取引が続いているか、長きにわたる取引先であれば、審査判断等に際して必要となる情報量が豊富ですから審査精度は上がってきます。短ければ財務データを中心とした情報に偏りがちになります。

また、他金融機関との関係はどうなのか。主力金融機関が目まぐるしく変わるような取引先に関してはその理由を尋ねることです。

④後継者や資産背景

経営者一族や社員に適切な後継者は育っているか、後継者の資質や手腕はどうか、資産等はどの程度持っているのか、担保に供されているのか、特徴的な人脈はあるかなど、を確認することで事業の安定度が推し量れます。

⑤設備等の状況

利益を生む設備等が著しく陳腐化しているようであれば、先々の競争力に不安がありま
す。熟練工が高齢化して後継者が育っていないようなら事業継続に心配が残ります。

日頃から取引先の定性情報を収集するよう心掛けることが大切です。

経営の勘所八策編
～生き残り繁栄し成長するための経営の要諦

第一策　「現金主義」に徹しゆとりある資金繰りを実現
第二策　金融機関と信頼関係を構築している
第三策　重要な数字を把握し目標設定がうまい
第四策　モットーは「王道を行く」
第五策　経営課題も解決策もすべて「現場」にあることを知っている
第六策　「傾聴と会話」が行き届き人材活用に長けている
第七策　同業者を良く学んでいる
第八策　「強い信念」がツキを呼び込んでいる

第一策　「現金主義」に徹しゆとりある資金繰りを実現

▼ポイント▲

①「現金主義」に徹し、特に売掛金に関しては厳格な回収管理を実践する。

②金融機関と十分に相談しながらその協力を得て、安定した中長期の仕入資金を借入れ、「売上総利益を手元に現金として残し、経費はその中から支払う」という資金繰りを基本原則とし、また、様々な商機やリスクに備えるため常に手元現預金を1年間の売上総利益程度以上は持つ。

③設備投資は、極限までコストを抑えリスクを排除する。

(1)「現金主義」に徹する(Cash is King)

経営資源は「ヒト(人材)、モノ(事業に欠かせない生産設備等)、カネ(資金)」、これに「情報(知的財産)」を加えることもありますが、しかし言うまでもなく、カネはヒトやモノとは並べて語ることのできない経営の根本、経営の「前提」です。カネがなければヒトも雇えないしモノも購入できません。人間の生命が血液の循環で維持されているように、カネは「経済社会の血液」と言われ、カネなしでは経済も経営も成り立ちませんから、カネは経営資源ではありますが、その前に事業経営の「前提」ということができます。

「勘定合って銭足らず」――売上も伸びているし決算書は黒字なのにいつもお金に追われている、こうした会社は実は結構存在します。財務会計上の数値は収益や費用を取引の確定時点で認識する「発生主義」ですから、たとえば「売上」計上されれば現金を手にしていなくても利益が出たように表現されます。しかし実際の事業経営においては、儲かったと言えるのは売った分の「現金」を手にした時に限りますから、売上がいくら上がってもそれが売掛金であるうちは単なる貸金に過ぎません。それと同様に仕入代金も買掛金のうちは単なる借入(借金)に過ぎません。

会計は発生主義ですが現実の事業経営は「現金主義」――どの社長も承知していることですが、「現金主義」は経営の原点です。

「現金主義」は毎日の「資金繰り」で実践されますから、事業経営において毎日の「資金繰り」は最も重要となり、社長は常に資金繰りを頭に描いて事業経営に当たります。ちょっとした資金繰りの勘違いや当てにしていた売掛金入金が取引先の資金繰り悪化で入金しないため、その日の支払いのいくつかができなくなって翌日に回してもらう、というようなことが起きたとしましょう。そうすると、たちまちにして「あの会社の資金繰りは大丈夫だろうか」「よほど経営が苦しいのだろうか」という噂が業界内に飛び交い、信用不安を招く可能性も高まります。

支払事務がルーズでミスが続発しているような場合も信用不安の種になります。単に「勘違い」や「ミス」しただけでもそうしたリスクにさらされてしまうわけですから、本当に資金繰りに苦しむようになれば、いかに売上が増加していようとも、いかに良い人材や優れた技術や設備やノウハウがあろうとも、もはや事業は危機に瀕しているといえます。

そうならないために特に社長がチェックすべき資金繰りの最重要ポイントは、「売掛金の現金化」です。売り先との約束や力関係で入金期限が先になる取引（売掛金取引）については、その金額の大小にかかわらず必ず期日管理し、期限を過ぎた売掛金については（売り先はお客様ですからなかなか言い出しにくいかもしれませんが…）速やかにその理由を問い入金を急いでもらいます。

特に大口売掛先については、「先に延ばしてくれ」と懇願されても安請け合いすべきではありません。全額回収が難しいのなら分割してその半分でも支払ってもらう、先々の資金繰り状況を聴いて必要なら担保もいただくようにします。厳しく対処してもそれで今後の取引関係が切れるようなことはありませんし、仮に切れたとしても未回収で損をするリスクと比較して考えればそのほうが正しい選択と言えるケースが多いと思います。

昨今のように、多くの中小企業が長期間にわたって厳しい経営を強いられ、売り先からのコスト圧縮要請もとどまることなく続き、相当の速度で強者が弱者を食い、その強者も別の強者に攻め込まれる激しい淘汰の時代にあっては、多くの中小企業は身を削る経営を強いられ、ゆとりある資金繰りができている企業はそう多くありません。突然行き詰って支払不能となるケースも増え売掛金未回収が発生しやすくなっています。

ですから、特に売上大口先に関しては、頻度高く定期的に信用チェックしておく必要があるでしょう。

一方、「小口だし面倒だから後回しにしよう」といって入金督促を怠って、根雪のように少額の売掛金が未入金のまま残ってじわじわと資金繰りに悪影響を及ぼしているようなケースもあります。売り先のお客様もほっておかれれば「催促されるまでは払わなくてもいいか」と思って次第にルーズになっていきます。「小口」ということもあって時間がたてばたつほどますます督促しにくくなります。

金額の大小にかかわらず「収益の源泉であるトップライン（売上）は期限までに必ず１００％現金回収する」「期限を過ぎた売掛金は存在させない」。
改めてそうした強いルールを社内に徹底すべき時代といえます。

閑話休題②

●赤字経営でもカネさえあれば事業継続でき、カネがなければ黒字でも倒産する

赤字でもカネさえあれば生き残れます。金融機関から借りる、社長や親族の個人資金を投入する、街金や友人から借りる、大企業であれば優先株（資金繰りに窮した際に自己資本を増加させる形で資金調達する方法）を発行する、などにより資金を集め会社にカネを投入すれば、仮に経営実態はすでにボロボロになってしまっていたとしても事業を継続することができます。

しかし、カネを入れて一時的に延命できても事業の本質が自動的に改善するわけではありませんから、赤字の原因にもよりますが、よほど先行きの見通しが明確になっていない限り、結局返済できず泥沼にはまり再起不能になっていくケースが大半です。生き残れるかどうかは、赤字の原因、資金繰り悪化の原因、先々の見通しなどを突き止め、真の解決策が何なのかを吟味しなければ分

かりません。

一方、黒字でも倒産します。売上代金が売上先の倒産によって期限までに現金入金されず、その結果それを当てにしていた様々な支払いのめどが立たなくなれば（資金繰りがショート）、自社に原因がなくても倒産します。

やはり「おカネ」こそは経営の「血液」だ、ということがよく分かります。

(2) 仕入資金は借入し売上総利益が手元に残る資金繰りを実践

多くの会社では、賞与の時期になると賞与資金を借り、納税時期になれば納税資金を借ります。毎月の資金繰りにおいて、本来は儲けから支払うべき賞与資金や納税資金が足りない、だから借りるわけです。また、金融機関のほうもその季節になると「そろそろ賞与の時期ですね。今回はどのくらい必要ですか」と訪ねてきます。

しかし「儲けから支払うべき経費」を手元に現金がないからといって金融機関から借りて支払う、これは考えてみればおかしなことで何かが間違っています。決算を締めると黒字なのにその時期になると納税資金を借りたり資金繰りに四苦八苦する。売上は順調に伸びているのに手元の現金は意外に少なくて儲かっている実感が湧かない、いつもお金に追われていて一時的に自分の給与を会社へ貸して会社の資金繰りに充ててやり繰りする、こうした社長は結構多いのですが、何かが間違っているからこうしたことが起きてしまうことになります。

何が間違っているのでしょうか。

それは、元入れとなる仕入資金を借りずに手元現預金でやり繰りしてしまうからです。つまり、無理して仕入資金を自己資金でやり繰りするから、そのしわ寄せで本来儲けから支払うべき経費支払の段階でお金が足りなくなって借入に依存しなければならなくなってしまうわけです。お金を借りるタイミングがうまくない、金融機関の活用がうまくいっていないのです。

「現金主義」に徹している社長は、金融機関と十分に相談しながらその協力を得てこうした間違いから脱し、仕入資金を中長期で借入れ「売上総利益を手元に現金として残し経費はその中から支払う」という当たり前の資金繰りを基本原則として経営しています。

金融機関に対しては定期的に売上や仕入れの状況等を報告し、売上が増加に転ずれば(仕入れが増えれば)追加の仕入資金を中長期資金で借入すべく相談に乗ってもらっています。

まだこの当たり前の資金繰りになっていない場合には、仕入れの資金繰りを考え直さなければなりません。自社の「収支ズレ」を明確化し、金融機関とも十分に相談し理解を得つつ「仕入資金は借入で賄う」ことを基本とする資金繰りに変えていくよう取り組んでいく必要があります。

●資金繰りの原点─収支ズレ─

事業開始の初日のことを考えてみてください。

まずは売るための仕入れ（在庫）でお金が必要となります。最初から賞与や税金支払いがあるのではなく、まずは元入となる「仕入れ」のお金が必要になります。その仕入れをどのような資金繰りで対応し儲けを手元に残すのか、これが重要なポイントです。

これを、次のような前提をおいて極めて単純化して考えてみます。

①売上は毎月1000万円、サイト3ヵ月（当月末締め90日）
②仕入額は毎月700万円、仕入資金支払サイト1ヵ月（当月末締め翌月末）
③売上総利益率（（売上高－仕入原価）÷売上高×100％）30％
④在庫は発生しない
⑤経費支払いなし
⑥借入金利前払い2％
⑦資本金100万円
⑧開業　4月1日

以上の前提で、仕入段階で一括して借入を起こすケースを考えてみます。

すなわち、買掛金支払時点の5月末に、4月売上分の回収がある7月末を期日とした

（単位：千円）

9月	10月	11月	12月	1月	2月	3月	累計
10,000	10,000	10,000	10,000	10,000	10,000	10,000	120,000
7,000	7,000	7,000	7,000	7,000	7,000	7,000	84,000
3,000	3,000	3,000	3,000	3,000	3,000	3,000	36,000
23	23	23	23	23	23	23	222
2,977	2,977	2,977	2,977	2,977	2,977	2,977	35,778
9,883	12,860	15,837	18,813	21,790	24,767	27,743	
30,000	30,000	30,000	30,000	30,000	30,000	30,000	
35	35	35	35	35	35	35	
39,918	42,895	45,872	48,848	51,825	54,802	57,778	
7,000	7,000	7,000	7,000	7,000	7,000	7,000	
14,000	14,000	14,000	14,000	14,000	14,000	14,000	
1,000	1,000	1,000	1,000	1,000	1,000	1,000	
17,918	20,895	23,872	26,848	29,825	32,802	35,778	
39,918	42,895	45,872	48,848	51,825	54,802	57,778	
0	0	0	0	0	0	0	
10,000	10,000	10,000	10,000	10,000	10,000	10,000	90,000
7,000	7,000	7,000	7,000	7,000	7,000	7,000	77,000
3,000	3,000	3,000	3,000	3,000	3,000	3,000	13,000
7,000	7,000	7,000	7,000	7,000	7,000	7,000	77,000
7,000	7,000	7,000	7,000	7,000	7,000	7,000	63,000
23	23	23	23	23	23	23	257
▲23	▲23	▲23	▲23	▲23	▲23	▲23	13,743
2,977	2,977	2,977	2,977	2,977	2,977	2,977	26,743
6,907	9,883	12,860	15,837	18,813	21,790	24,767	
9,883	12,860	15,837	18,813	21,790	24,767	27,743	
17,000	17,000	17,000	17,000	17,000	17,000	17,000	
14,023	14,023	14,023	14,023	14,023	14,023	14,023	
9,883	12,860	15,837	18,813	21,790	24,767	27,743	
10,000	10,000	10,000	10,000	10,000	10,000	10,000	
10,000	10,000	10,000	10,000	10,000	10,000	10,000	
30,000	30,000	30,000	30,000	30,000	30,000	30,000	
23	23	23	23	23	23	23	
23	23	23	23	23	23	23	
35	35	35	35	35	35	35	
7,000	7,000	7,000	7,000	7,000	7,000	7,000	
7,000	7,000	7,000	7,000	7,000	7,000	7,000	
7,000	7,000	7,000	7,000	7,000	7,000	7,000	
7,000	7,000	7,000	7,000	7,000	7,000	7,000	
7,000	7,000	7,000	7,000	7,000	7,000	7,000	
14,000	14,000	14,000	14,000	14,000	14,000	14,000	

シミュレーション結果
粗利率：30%
売上サイト：3ヵ月（当月末締め 90 日）
仕入サイト：1ヵ月（当月末締め翌月末）
在庫なし
経費なし
借入期間：2ヵ月（当月末実行、翌々月末一括返済）
借入金利：2%（年利）前払い

		4月	5月	6月	7月	8月
PL	売上高	10,000	10,000	10,000	10,000	10,000
	仕入高	7,000	7,000	7,000	7,000	7,000
	粗利	3,000	3,000	3,000	3,000	3,000
	支払利息	0	0	12	23	23
	利益	3,000	3,000	2,988	2,977	2,977
BS	現金預金	1,000	977	953	3,930	6,907
	売掛金	10,000	20,000	30,000	30,000	30,000
	前払利息	0	23	35	35	35
	資産計	11,000	21,000	30,988	33,965	36,942
	買掛金	7,000	7,000	7,000	7,000	7,000
	借入金	0	7,000	14,000	14,000	14,000
	資本金	1,000	1,000	1,000	1,000	1,000
	剰余金	3,000	6,000	8,988	11,965	14,942
	負債・資本計	11,000	21,000	30,988	33,965	36,942
	バランス	0	0	0	0	0
CF 計算表	売上入金	0	0	0	10,000	10,000
	仕入支払	0	7,000	7,000	7,000	7,000
	営業 Cf【A】	0	▲7,000	▲7,000	3,000	3,000
	借入調達	0	7,000	7,000	7,000	7,000
	借入返済	0	0	0	7,000	7,000
	金利支払い	0	23	23	23	23
	財務 CF【B】	0	6,977	6,977	▲23	▲23
	正味 CF【A】＋【B】	0	▲23	▲23	2,977	2,977
	月初現金預金	1,000	1,000	977	953	3,930
	月末現金預金【※】	1,000	977	953	3,930	6,907

【※】正味 CF ＋月初現金預金

〜総勘定元帳〜

		4月	5月	6月	7月	8月
現金預金	入金	0	7,000	7,000	17,000	17,000
	支払	0	7,023	7,023	14,023	14,023
	残高	1,000	977	953	3,930	6,907
売掛金	発生	10,000	10,000	10,000	10,000	10,000
	回収	0	0	0	10,000	10,000
	残高	10,000	20,000	30,000	30,000	30,000
前払利息	発生（＋）	0	23	23	23	23
	費用振替（−）	0	0	12	23	23
	残高	0	23	35	35	35
買掛金	発生	7,000	7,000	7,000	7,000	7,000
	支払	0	7,000	7,000	7,000	7,000
	残高	7,000	7,000	7,000	7,000	7,000
借入金	調達	0	7,000	7,000	7,000	7,000
	返済	0	0	0	7,000	7,000
	残高	0	7,000	14,000	14,000	14,000

７００万円の借入を起こし7月末に返済します。

６月以降も同様に繰り返すと、６月以降の借入残高は１４００万円となり、最初の売掛金が回収できる7月末には売上総利益２９３万円（月末現預金３９３万円－資本金１００万円）が手元現預金として残ります。

これを毎月繰り返して、１年経った3月末には２６７４万円（月末現預金２７７４万円－資本金１００万円）の売上総利益が手元現金として残ります。

これを表したのが前頁のシミュレーション結果です。これをケースAとします。

このケースAのように仕入段階で仕入額と同額の一括借入を起こさず、現金が足りなくなる都度その同額を借りてやり繰りしていたとしますと（表の月末現預金欄の数値が１４００万円を超える11月まで不足同額を借入）、１年後には（２６７４万円－１４００万円（借入）＋25万円（ケースAの利息。この場合も利息はかかりますが単純化のため捨象します））およそ１３００万円が儲けとして手元に残ることになります。これをケースBとします。

年末に一括して２０００万円の給与等諸経費支払いがあるとすれば、仕入一括借入を起こしているケースAでは、手元に２６７４万円の現金がありますから、ここから２０００万円支払えば済み、残金６７４万円が手元に残ります。

一方、現金が足りなくなる都度その分と同額を借りていたケースBでは、手元には

1300万円の現金しかありませんから700万円足りなくなり、この分もまた借入で埋めなければなりません。
いかがでしょうか?

●仕入段階で借入を起こす

仕入段階で全額借入を起こしていれば、売上総利益相当額から金利を差し引いた現金が手元に残っていますから、儲けから支払う性質の諸経費はこれで賄えます。ところがケースBのように足りなくなる都度借りてやり繰りしていると、本来儲けから支払うべき諸経費までも借りて払わなければならなくなってしまい、いつもお金に追われているような状況になってしまいます。

もちろん実際には、在庫があったり未回収の売掛金があったり、過去からの流れで資金繰りが組まれていますし、こんな単純な資金の流れにはなっていません。

しかし、ここで最も重要なポイントは、「仕入資金は借入で賄い月々の売上総利益は手元に現金として残すようにし、その中から経費を支払う」という当たり前の資金繰りを実践できるようにしていくことであり、資金繰りに一つの規律を作っていこうということです。

特に1年間の売上総利益(売上総利益率が著しく低い場合は月商2ヵ月分以上をめど)

程度のお金が常時手元に残るようになるまでは、仕入資金は借りて賄うほうがよいでしょう。なぜなら、借入の有無にかかわらず少なくとも1年間の売上総利益ほどの手持ち資金が貯まっていれば、商機を逃さない積極経営への備えになります。さらに急激な景気低迷で一時的に利益が出なくなっても当面の仕入れや経費の支払いは可能ですし、自然災害のような偶発的リスクに対してもある程度事業存続への対応力を維持することができます。「使える現預金があるのに借り入れるのは金利分がもったいない」などと考えないことです。商売は、いつ何時どのような商機が訪れるか分かりませんし、逆にどのようなリスクにさらされるかも分かりません。ですから、いざというときすぐ使える手元現金を持っておくことが大切なのです。

中には、「必要になったら金融機関から借りればよいではないか」と考える社長もいますが、それが前向きのものであっても、突然の資金需要に対しては審査に時間がかかるケースもあります。たとえば先の東日本大震災後の産業復旧の遅れの要因の一つに二重ローン問題がありますが、既に借入のある先に対する復旧資金の貸出は、創業時と似て採算や返済の見通しが立ちにくい資金ですから金融機関としても貸しにくいのです。「その時は個人のカネを入れる」という考えも正しくありません（もちろんケースによっては私財を投じてしのぐのが最適な場合もあるでしょうが）。会社と個人のふところ（勘定）は別で公私を混同しないことが重要です。

以前、1年間の売上総利益をはるかに超える多額の現預金を持っている高齢の中小企業オーナー社長にお会いしました。その社長は長期間にわたって業績を順調に伸ばしていますから、現状、金融機関からはいつでもいくらでも資金調達できる状況にあるのですが、その多額の資金をいつでも引き出せる金融機関の預貯金にしていました。その理由を尋ねたところ「昔、本当に困った時、金融機関に相談に行って断られた。この程度のおカネがなければいざというときに心配だ」と言うのです。

保守的だと思われるかもしれませんが、事業経営をしている以上、手元現預金はできるだけ潤沢にしておいたほうがよいのです。

なお、望ましい手元現預金の額ですが、前述のように「1年間の売上総利益」以上、あるいは「月商の2ヵ月分」以上が一つの目安となります。

自然災害を含め「何が起こるか分からない世の中」ですから、経営は「安全サイドに舵を切りつつ果敢に前に進んでいく」というスタンスが良いと思います。

●改善の方法

現時点でこのような仕入資金借入をしていない場合には、時間はかかるでしょうが、計画的にこの当たり前の資金繰りに改善していくことです。

具体的には、自社の仕入形態や売上回収や在庫期間を含めた実態の収支ズレ期間を参考にして必要金額や返済期間を計算し、理想的な借入形態に徐々に移行させていきます。たとえば、先ほどの事例ケースAのように、仕入の都度借入れ売上回収の都度完済する方法へ移行していきます。

しかし、これだと繰返しの手続きに手間がかかりますから、借入額は月の仕入額の6―12ヵ月分をめどとして一括して借入し、基本の収支ズレ期間（たとえば2ヵ月）ごとに少額の返済（売上総利益の一部を充当）を前提に返済期間は2―3年程度の中長期とします。返済が進んでくればたとえば6ヵ月ごとに返済額と同額の折返しの借入をします。仕入額が増加した場合にはその分借入を増やし、仕入額の減少が継続するようならその分返済を増やすといったことを繰り返すことで、資金繰りをより安定化させていきます。

なお、いずれの場合も、移行後は儲けから支払うべき性格の賞与資金や納税資金は借りないことです。また、もし他に、習慣のように繰り返している同額折返し継続の中期資金がある場合には、それが広い意味で運転資金の一部になっているようなら、借入金額を見直すなどして仕入資金借入へと統合していくようにします。基を辿れば「赤字の補てん資金」だったのなら、折り返さないで返済期間を長期化するなどして儲けから返済し切る、設備投資の不足分を補っているようなら、設備の償却に合わせて返し切る、というように是正していきます。

もちろんこの考え方は、仕入れたものが順調に売れて資金回収でき次の仕入れにつながっていくような、仕入れと売上が順調に循環していることを前提にしていますから、仮に売掛金が未回収になったり仕入れたものが売れなければ（不良在庫）、資金が固定化し返済が苦しくなります。ですから、常に在庫状況と売掛回収に目を配り商売がうまく回転していくような経営の舵取りが強く求められます（実はそれが繁栄や成長につながっていくわけですが…）。

一方、金融機関側から見ますと、商売の回転状況が気になりますし融資期間が長期化しまた融資金額も現状より増える可能性が出てきますから、追加の担保が必要になるなど簡単にいかない場合もあると思います。そのような場合には仕入資金のたとえば50％相当額など一部から始めてもらい、時間をかけて徐々に改善していくようにするのがよいでしょう。

収支ズレがない場合や逆収支ズレ（売上入金のほうが仕入支払タイミングより早い日銭商売のようなケース）の場合を除いて、こうした考え方を基本に置いて借入を活用し資金繰りを安定化させるよう取り組むことです。

仕入段階で適切妥当な額の資金を投入（借入）すれば、後々の資金繰りが合理的になりぐっと楽になります。

閑話休題③

●お金には色がある

よく「お金に色はない」と言いますが、そんなことはありません。お金には色があります。借りてよいお金と借りてはならないお金。手元にお金があっても借りて賄っておくべきお金もあります。

「借りるタイミング」も「返済期間をどの程度とするか」も大切です。重要なポイントは、必ず資金使途と返済原資を一致させ、借入と手元資金をどう組み合わせるのが一番よいか、後々のことも十分に視野に入れて資金繰りを考えることです。

同じお金でも使い道によって色をつけて管理していかなければ事業の繁栄や成長に巡り合えません。

●個人のお金にも「色がある」

個人が住宅や車を購入する場合は、ゆとりある返済計画に基づくローン活用が最も賢い選択といえます。住宅や車のようにその使用価値が長期間にわたる物品は、その使用期間中に払い終わればよいと考えるのが合理的です。もちろん金利負担もあるわけですが、無理して手元現金がなくなってしまうような買い方をすれば、突然の病気や災害に伴う出費はもとより、子供がいる家庭では想定以上に多くの教育費もかかりますから、家計が立ち行かなくなるリスクにさらされます。

いつでも使える手元のお金は少なくとも1年間の給与所得程度は残るようにやり繰りするのが理想です。一瞬にして消える飲み食いや遊興費を借入で賄うことは絶対に避けるべきですが、住宅や車のような長期にわたって使用価値があるものは「使った分だけ払う」と合理的に考え、手元資金はできるだけ手をつけず積極的に借入を活用します。返せるようになれば一部でも全額でも期限前に返せばよいのです。

(3) 設備投資の資金繰りは保守的に考える

陳腐化した設備を更新して生産性を向上させる、新店舗を出店して売上拡大を図る、新しい設備を投入して事業拡張を図る、他の事業会社を買収する、新規分野に進出するなど、売上増強のための様々な設備投資がありますが、多額な資金を必要とする設備投資を決めることは極めて重い経営判断となります。

優れた経営者が実践している設備投資を判断する際の基本的なチェックポイントは次のとおりです。

①設備投資の目的を明確化した上で、いくつかの具体案（仮説）を立て徹底的に検討する。投資に当たっては慎重すぎるほど慎重に判断を行う。特に新規分野への進出に当たっては、事業ドメインを再定義して持てる経営資源の過不足をはじめ課題を明確化し、極めて慎重に検討し判断を下す。

②投資を何年で回収するか、現代のようなボーダーレス（海外経済との連動性が高い）かつ国内市場縮小の不確実性の高い時代にあっては、3—5年で投資回収できないような投資は相当慎重にする。自己資金の投入量を多くしたり賃貸を組み合わせるなどリスク軽減の方法を十分に検討し余裕をもった投資計画を策定する。そもそも設備投資は儲けているから実施するわけであり、少し保守的に聞こえるかもしれないが、できる限り手持ち資金で対応するのがよい。もちろん1年間の売上総利益程度の現預金は手元に置いておく。

③資金調達に当たっては、事前に金融機関と十分相談し、リース会社の活用も検討する。リースや割賦を活用すると当該物件が担保となるため、担保余力を残せるほか、リース料を経費計上（企業規模や物件の金額等によって会計処理基準が異なるため顧問税理士にも相談する）できることから資金繰りと償却とが一致する。もちろん、リースの場合、全額支払ったつもりでも再リース料が発生するため、長期間にわたって使うものについてはリース会社とよく相談して最終回の支払方法や物件を買い戻す条件を設定したり割

賦取引を活用する。

④減価償却できない「土地」はできるだけ自己資金で購入するか賃借で対応する。儲かってくると土地保有したいという思いが強まるものである。流通性の高い土地ならいつでも売って現金化できるから心配ない、と考える経営者もいる。しかし一般的に、全額借入で購入した土地は適正期間で借入金を完済できるほどのキャッシュフローを生まないため（地価がよほど安ければ話は別だが…）、購入するとしても手持現預金を優先的に使い全額借入はできるだけ避けるべきである。

⑤収益（売上）を生まない本社屋等への投資は避ける。

概して、繁栄し成長している企業の本社屋は質素でお金をかけていない。店舗や工場など収益を生むところには積極的に必要な投資をするが、本社への投資の優先順位は低く考える。

これらの基本原則に加えて、借り入れた投資資金は減価償却して内部留保したお金から返済に充当します。

計画どおり減価償却すると赤字になるような場合には、投資に対して期待していた効果（利益）が出ていない訳ですから、早めに金融機関と相談し借入期間を延長するなど資金繰り計画を見直す必要があります。

なお、淘汰の時代にあって、多くの業界では残存者利益（敗者の持つシェア）を奪い合う厳しい競争が展開されていますから、投資リスクを軽減するために敗者の残した設備（例：中古機器、既存店舗、既存工場等）を積極的に活用することが得策です。

コスト削減や大口受注先の海外進出等に合わせて海外投資するケースも多くなってきていますが、新興国でも経済成長とともに人件費は年々上昇し保護主義も芽生えてきます。また、数年先の為替相場や投資先の国情など誰にも分からないことですから、海外投資決断に至るまでには、受注先や仕入先や同業者の情報、金融機関や商社の情報などを収集し熟慮に熟慮を重ね慎重になる必要があります。

海外進出だけが生き残るための唯一の解、そのような単純な話ではありません。将来のリスクを極小化するため、数年の中長期展望をもってより資本力のある強い企業や現地の信用ある企業との提携や商社を通じた輸出等、他の代替手段をとことん検討すべきです。

事業経営において、常に、ゆとりある資金繰りを実現しておくことほど重要なことはありません。

運転資金にしても、設備投資資金にしても、借りる場合には必ず「資金使途」と「返済原資」はセットで考え、無理なく返済できる資金繰り計画を立てなければなりません。借りるタイミング、返済期間――いずれも資金繰りを考える上で極めて重要な要素です。

また、手元資金をどう活用するか、も慎重な判断が必要です。売上がストップしても、1年間程度は生き延びられるほどの手元現預金を確保した上でもなお余裕があるようであれば、借入に優先してその余裕力を活用することです。

いずれにしても、金融機関の資金をできる限りうまく活用し、ゆとりのある資金繰りを実践することこそが、繁栄と成長のメインエンジンとなります。

第二策 金融機関と信頼関係を構築している

▼ポイント▲

①金融機関を自社の最重要取引先と同等程度に最も誠実に対処していくべき取引の相手方と考え、好調の時も不調の時も継続的に安定した信頼関係を構築するよう努力する。

②中間期を含めて少なくとも年2回は社長自身が金融機関に出向いて、直接支店長や担当者に決算の主要数値はもとより売上の現状と今後の見通し、季節による売上高や仕入額の変動、在庫の状況、収支ズレの詳細、さらにどんな点に苦労しているか、同業者の動向はどうなのか、等々をざっくばらんに詳しく説明する。

③金融機関との信頼関係確立に継続的に努力する一方で、金融機関との取引において注意を要する点、たとえば連続赤字の回避や支店長・担当者交代による取引方針の変化など留意点をよく理解し的確に対処する。

⑴日頃から金融機関と信頼関係を構築

事業を繁栄させ成長させるには外部（金融機関）資金の活用は欠かせません。

第一策でも見たとおり、手元にお金があっても仕入資金のように借りたほうがよいお金もあります。設備投資に際しては金融機関に相談することになります。また、たとえば入金予定の売掛金に未回収が発生して急に一時的に資金繰りが苦しくなった場合や突発的事態などに際しても、金融機関に助けを借りることになります。

もちろん、金策の方法としては、仕入先に支払いを延ばしてもらったり、売上先に頼み込んで入金を前倒しにしてもらうようなやり方もあるでしょうが、そんなことをすれば以降の取引関係にひびが入ったり力関係が変化したりしてしまう可能性もありますから、できるだけ避けるべきで、やはりそのような時もまずは金融機関に相談し支援してもらうようにすべきです。

ですから、金融機関とは平時から何でも親身になって相談に乗ってくれるような関係を構築しておくことが極めて重要です。

事業経営で成功を収めるには、何事に対しても誠実さやまじめさが第一で真摯で誠実な態度は社長に求められる重要な資質の一つですが、特に金融機関との付き合いにおいては、業績の好不調にかかわらずいつも変わらず安定して誠実で正直一筋であることが最も重要です。好調な時はいつもより謙虚にふるまうべきですし、不調な時であっても臆することなく堂々としているべきです。いつも変わらず安定した関係を維持できるようにすることが大切です。

最近では、国内資金需要が低迷し金融機関相互の競争も激化の一途を辿っているため、特に業績好調な優良企業に対しては金融機関のほうから訪ねて来るケースが多くなってきています。様々な金融機関が「低金利だから是非借りてください」「○○さんより金利を下げるから借りてほしい」と日参するケースもあります。業績好調の優良企業に対してはこうしたことが日常化しているため、何となく金融機関が出入り業者のように見えて、次第に一つ格下のように思え誤解してしまう社長もいます。

しかし商売が盛況の時に得意になって金融機関を見下すような態度をとったり無理に金利引下げを強いるような社長は、結局は金融機関との長期間にわたる信頼関係が構築できず、真に金融機関の助けが必要になったときに親身になって相談に乗ってもらえないということになりかねません（金融機関だけでなくすべての取引先も同様だと思いますが…）。繁盛している時こそ金融機関とのあるべき取引関係を築き上げていくことが求められます。

一方、業績が冴えないと金融機関からの接触頻度も落ちてきて、また社長のほうも「カネを借りに行く」のが何となく負い目に感じ、資金需要が発生しても「借入」の話がしにくいということで、次第にお互いに疎遠になっていくこともあります。これも不幸なことです。業績が不調な時であっても平時と変わらず誠実・正直第一で接し良好な関係を維持するよう努力することが大切です。

もちろん、常に誠実・正直第一で接してきていたとしても、金融機関がいつでもいくらでも貸すようなことはありません。金融機関を語る時「雨の時は傘を貸してくれない」と言われますが、確かに赤字が続いたり事業の先行きが不透明になってくれば、いくら常日頃から支店長や担当者と親しく付き合っている間柄であっても、金融機関はどうしても消極方針となります。社長が「絶対安心で必ず返済する、俺（私）を信用しないのか」と自信があっても、金融機関から見れば盛況時と比較して不良債権化するリスクが大きくなっていると考えるわけですからこれは仕方がないことです。

しかし、常に社長が誠実に決算説明し、事業の先行きなどの情報を共有し十分な理解を得て信頼関係が確立されていれば、親身になって話を聞いてくれ、他に代替する方法がないか相談に乗ってくれたり、資金使途が明確で回収可能性も高いと判断される場合には、いくつかの条件が付く場合もあるでしょうが、思い切った支援をしてくれるケースも多いのです。

大切なことは、金融機関との取引関係においては業績の好不調にかかわらずいつも安定した信頼関係を維持するよう努力しておくことです。

(2)決算説明は社長の仕事

それでは、繁栄し成長する企業の社長は具体的に金融機関とどのような付き合い方をしているのでしょうか。

名社長と呼ばれる人は、中間期を含めて少なくとも年2回は社長自身が金融機関に出向いて、直接支店長や担当者に決算の主要数値はもとより売上の現状と今後の見通し、季節による売上高や仕入額の変動、在庫の状況、収支ズレの詳細やどんな点に苦労しているか、同業者の動向はどうか、中長期の経営計画の進捗状況はどうか、等々をざっくばらんに詳しく説明しています。

金融機関の支店長（支社長）や担当者は、事業全体を統括して会社全体の情報をバランスよく知っている立場にある社長から、商売の基本的な構造（仕入先、売上先、収支ズレ、売上構成、季節性、コスト構造等々）や財務内容の詳細を聴くことで事業経営の現況を知ることができます。同時にそうしたプロセスで社長の人物像（安心して信頼できるか）や経営手腕、事業の先行きに関する分析力など、貸出判断に際して重要な定性的情報も観察します。

説明に当たっては、主要数値については過去3―5年の時系列の推移や、中長期の経営計画がある場合にはその進捗状況も合わせて説明します。また、仕入資金を借りる関係を確立するために、

・売上の現状と今後の見通し
・季節による売上高や仕入額の変動
・在庫の状況
・売上総利益率（(売上高－売上原価)÷売上高×１００）の推移
・収支ズレの詳細
・6―12ヵ月程度の資金繰計画

などを提出して資金需要の有無を銀行に説明し、商売の内容を十分に理解しておいてもらうことが大切です。

今期はどんな点に苦労したのか、どんな点が良かったのか、同業者の動向はどうなのか、先行きの見通しはどのように考えているか、重要な経営課題は何なのか、などできるだけ詳しく経営内容や事業環境が分かるように説明することが大切です。財務諸資料の他にできれば経営課題等を簡単に要約したメモでも作って渡して説明できれば理想的です。

金融機関サイドからすれば、社長から直接定期的に会社の状況や情報を伝えてもらうことで業績の変化に応じた金融の提案ができるし、前広に資金需要の有無を知ることもできます。

「仕入資金は借入で賄い、儲けから支払うべき賞与資金や納税資金などは借りない」

これが成功や繁栄のための資金繰りの極意ですから、金融機関との取引においては、気軽に仕入資金を借りることのできる信頼関係の確立を目指していくことが最も重要です。「仕入資金を借りる」ということは、先行き6ヵ月程度の資金繰りを説明すれば比較的簡単に手続きが済んでしまう毎年恒例の賞与資金や納税資金、反復継続する折返し資金の借入と違って、金融機関サイドから見れば「商売の元入れとなる資金」を貸すことになるわけですから、「本気」（本格的取引）になります。信頼関係ができていると、本格的取引もスムーズに行いやすいものです。

また、仕入資金を借りるような取引関係ができ信頼関係が強くなってくれば、金融機関には様々な部門があり多様で大量な良質の情報がありますから、景気の先行きや金利や為替の見通しはもちろんのこと、経営相談機能を活用した様々な経営管理手法や社員教育、事業承継に関するアドバイスなどを受けることができます。

事業提携や同業者の動向や売り先紹介など、金融のプロとして適切なサポートもしてくれるようになり活用の幅も大きく広がっていきます。

事業を繁栄させ成長させるためには、外部資金、特に金融機関と仕入資金を借りる取引関係を構築して常に手元現金を一定量以上確保しておく必要がありますから、決算や事業状況説明に当たっては、経理部長や役員などに任せないことです。

(3) 金融機関取引における留意点を認識し調達先を多様化する

繰り返し申し上げますが、事業の繁栄や成長にとって長期間にわたる金融機関との信頼関係確立は不可欠で、取引関係をできるだけ安定させ良好に維持しておくことが重要ですが、そのためには、社長として特に次の4点について十分に留意しておく必要があります。

●赤字決算を続けない

第一点は「赤字決算を続けない」ということです。

お金を貸す立場になれば分かりますが、赤字の会社に貸すということはそのお金が返済されないリスクが高くなるわけですから、金融機関は貸したがりません。理由が明確で一時的な赤字であれば心配ないのですが、ここ何年間か売上や利益が減少し続けついに赤字に至ったような場合には、その事業経営そのものが長期低落の中にあることになりますから金融機関も慎重にならざるを得ず、取引関係は次第に冷めたものになっていく可能性が高まります。

ですから、先の見通しがつきにくい連続する赤字決算はできるだけ避けなければなりません。社長の立場からすれば、「好きで赤字にしているわけじゃない、赤字回避できないから悩んでいるんだ」ということだと思いますが、それでもなお、赤字決算になりそうな場合は、できる限り速やかに原因を究明し分析し、赤字に陥らせないための対策を早めに打っておくことが極めて大切です。連続赤字はできる限り避けなければなりません。

●本業に関係ない不要な金は借りない

第二点は「本業に関係ない不要な金は借りない」ということです。

１９８０年代後半のバブルの頃は、団塊の世代が働き盛りで消費の主役に躍り出ていたという時代背景に加え、金利も低く過剰流動性という金融環境にもありました。また当時は各金融機関の営業目標が高かったため異様な融資合戦が始まり、それに乗せられて多くの事業会社が本業に関係のない不動産投資をしたり、財務利益を追求してリスクの高い株式やゴルフ会員権に投資したり様々な仕組み商品を購入していました。その挙句に倒産し私財の大半を失うというような例は枚挙に暇がありませんでした。

２０１１年11月、バブル時代の巨額損失を隠していたオリンパスの例がありましたが、今でもその傷が癒《い》えていない事業会社は多数あります。

金融機関は（カネを貸す）優位な立場にありますから、借りるほうも金融機関から頼まれれば仕方なく融資を受け本業とは縁遠い無謀な投資をすることもあったわけで、金融機関の責任は重かったのです。

もちろん借りるほうも多くの場合「濡れ手に粟」のような期待をもったことも確かでしたから、どちらがどう悪いとも言えない部分もあるのですが、きっかけを作ったのが金融機関であったことは間違いないでしょう。

こうしたバブル期の教訓は、不要なお金は絶対に借りない、浅慮で本業以外で儲けようとしない、不動産投資にはまり込むことは避ける、投機や財務（運用）で儲けようとしない、融資セットの金融商品は買わない、というようなものでした。

金融機関の勧誘が多い業績好調な優良企業は、惑わされて本業と大きく離れた不要なお金を借りてはいけません。貸出セットの金融商品を購入したり低金利で借入して自社で金融業を始める（自動車ディーラーの中には自社で借入して消費者へクレジット資金を供給（審査と回収は信販会社にアウトソース）している会社もあります）など金融で儲けようなどと思うことも賢明ではありません。当の専門家である金融業者自体が過当競争下にあり適正な利潤が得られていない中、金融の門外漢が長期間にわたる金利リスクや調達リスクや為替リスクなど様々な金融的リスクを十分に理解もせず「今の利益」に目が行き、借りるに任せて金融で儲けようなどと思うことは、よほどの巨額余剰資金でもある場合は別ですが、どう考えても避けたほうがよいでしょう。

設備投資資金を存分に貸すと言われても自社の計画を上回るような借入はすべきではありませんし、贅沢な設備投資は今の時代には全く似合いません。投資をする場合でも切り詰めて行うことです。

自社の経営の考え方を金融機関に語り、余分な金は一切借りないことに徹すべきです。

金融機関に良い顔をする必要はありませんし義理を欠いてもかまいません。本業において繁栄し成長していくことに徹する姿勢を金融機関も必ず分かってくれます。

●貸出方針などは時々の経済政策や金融政策に影響を受ける

第三点目は、「金融機関の貸出方針や貸出金利などが時々の経済政策や金融政策や海外の銀行規制法規等によって変化する」ということです。

たとえば、現在デフレ経済脱却のため低金利政策がとられていますが、景気が過熱してくれば日銀は市中金利を引上げ貸出抑制する方向に動きます。時々の経済政策や金融政策によって金利は変動し連れて貸出姿勢も変化します。

また、記憶に新しいところでは、１９９９年7月の金融検査マニュアルによる「格付制度（自己査定）」の導入があります。財務分析等を通じて取引先企業を格付けしその格付けに応じた貸倒引当率を設定し将来のリスクに備えるというもので、金融機関の健全性を維持するための国際的な自己資本規制導入の一環ですから、そのこと自体に異を唱えることはできません。

しかしこれによって、中小零細企業の融資判断に際して重要な定性的情報である社長の力量や、背景にある個人資産や技術ノウハウなどを考慮する余地が限られるようになり、特に財務分析だけでは正確な経営状況や経営体力が分かりにくい中小零細企業に対する貸出姿勢や貸出条件は財務数値重視で決まる割合が高まり、厳しいサイドに大きく変化したと言われています。

経済活動を安定的に健全に維持するためには、金融機関が健全である必要がありますから様々な規制が課されることはやむを得ないことです。

したがって、その影響を受ける中小企業としてはこうした規制にもある程度敏感になっておく必要があります。少なくとも国の経済政策や国際的自己資本規制等外的要因で金利や貸出姿勢が大きく変化しうる、ということを心の片隅に認識しておくことは大切です。

●支店長や担当者によって方針が変わる

第四点目は「支店長や担当者によって方針が変わる」ということです。

2～3年で転勤する支店長や担当者の考え方や性格、実践的実務能力一つで、貸出枠を縮小してほしい、担保を追加してほしい、金利を上げさせてほしい、逆に急に借り増ししてほしいなど、取引方針が変化することがあります。

また、限られた時間の中で行われる転勤の際の引継ぎで自社に関する情報（特に定性的情報）が正確に伝達されないことが日常的に起きます。

こうした引継ぎの不手際に加えて、ずっとその支店にいるわけではないので、金融マンの中には、「その期その期の本社の営業目標を達成すればそれでよい」とドライに考え、従来からの取引の流れや経営状況を無視して、様々な商品を売りに来るケースもあります。

もちろんオーナー社長は、転勤族である金融機関の支店長や担当者を一つの風景のように永年にわたって見続け観察していますから、支店長や担当者によって方針が変化するというようなことは先刻ご承知で「人物評価」はお手のもので対処の仕方もある程度心得ています。たとえば、「今度の支店長は出世コースにあるが判断が遅くて部下の評判は良くない」というような情報をいち早く入手し、「早めに融資相談を持ち込もう」などとある程度の手を打つのですが、それにしても支店長や担当者の転勤の度に方針が変化するというのは迷惑千万で頭が痛い問題なわけです。

しかし、金融マンが転勤族であることは変わりませんから、取引方針の変更に対しては、粘り強く説明して従来からの流れを重視してもらうようにし、引継ぎに際しての不足は時間をとってもらい新しい支店長や担当者に再度事業内容等について詳細を説明するなどの対策を打っていくほかないでしょう。

それに加えてもう一つ、1～2行準メインバンクを設定し、さらに系列リース会社や独立系リース会社など有力なノンバンクとの取引を確保し、常に「調達の余力」（いざというときに借入できる力）を確保し急な貸出方針の変更や急な資金需要に備えておくことが大切です。

特にノンバンクが提供するリースや割賦は、導入する設備等そのものが担保となりますから担保余力を残せるだけでなく、月額のリース料や割賦代金を支払うだけで済みますので余分なお金を口座におく必要もないため資金繰上も極めて合理的な調達手段です。

調達に長けた企業は金融機関とノンバンクをうまく使い分けて相当量のノンバンク取引を行っています。単にコピー機やパソコンにだけリースを利用するのではなく、設備投資や店舗改装等を行う際には、リースや割賦取引を積極的に取り入れ、資金調達の幅を広げておくべきでしょう。

いずれにしても、金融機関取引においては一定の借入余力を確保し、好不調にかかわらず常に対等の立場でいられるよう、調達先はある程度複線化し多様化しておいたほうが良いことは間違いありません。

第三策　重要な数字を把握し目標設定がうまい

▼ポイント▲

①最重視すべき数字は「売上高（営業成約高）、売上総利益、売上高総利益率」と「経費率＝経費÷売上総利益」。

②中長期の経営計画を策定し、各期（6ヵ月単位）の数値目標は、2年後を見据えた成長ストーリーを思い描き、経営の現状を十分に踏まえた上で、現場が背伸びして努力すれば達成可能な、経営資源にネックが生じないような、ネックが生じるようであれば事前に経営資源を補強して、目標値を設定し着実に事業拡大を図る。

③目指すべき将来のＢＳの姿（自己資本比率50％…）をイメージしながら足元の経営に取り組む。

(1)重要な数字①「売上高（営業成約高）、売上総利益、売上高総利益率」

帝国データバンクの統計によると、中小企業倒産原因の80％は「販売不振」です。毎年統計が出ていますが、この「80％」という数値は長年にわたって変わっていません。

一方、社長が挙げる経営課題第一位も「自社の売上高を上げるための営業力、販売力の強化」が74・4％と圧倒的に多く（2012年度版中小企業白書）、やはり売上高（トップライン）をしっかりと維持し向上させていくことこそが事業経営を継続するに当たって最も重要な経営指標である、ということができます。

もちろん、売上高がいくら増えても売上総利益や売上総利益率を減少させるわけにはいきません。減少し続ければ当期利益は低下し早晩事業継続は立ち行かなくなります。

売上高が落ちても経費削減することで一時的に当期利益を捻出することは可能です。しかし、経費削減で何とか利益を出してもそれは決して事業継続のための抜本策にはならないのです。縮小均衡は衰退への道程となります。

事業の繁栄や成長のために社長が重視すべき経営上の数字は、業種や企業規模や置かれている事業環境やその時々の重要な経営課題等によって千差万別だと思いますが、しかし、それでもなお「売上高（営業成約高）」「売上総利益」「売上高総利益率」こそは常に最も重視すべき数字であり、この持続的増大が最も重要となります。

別の角度からこのことを考えてみますと、売上高は「取引先（お客様）からの信任」に

図表8　中小企業の経営課題（中小企業白書）

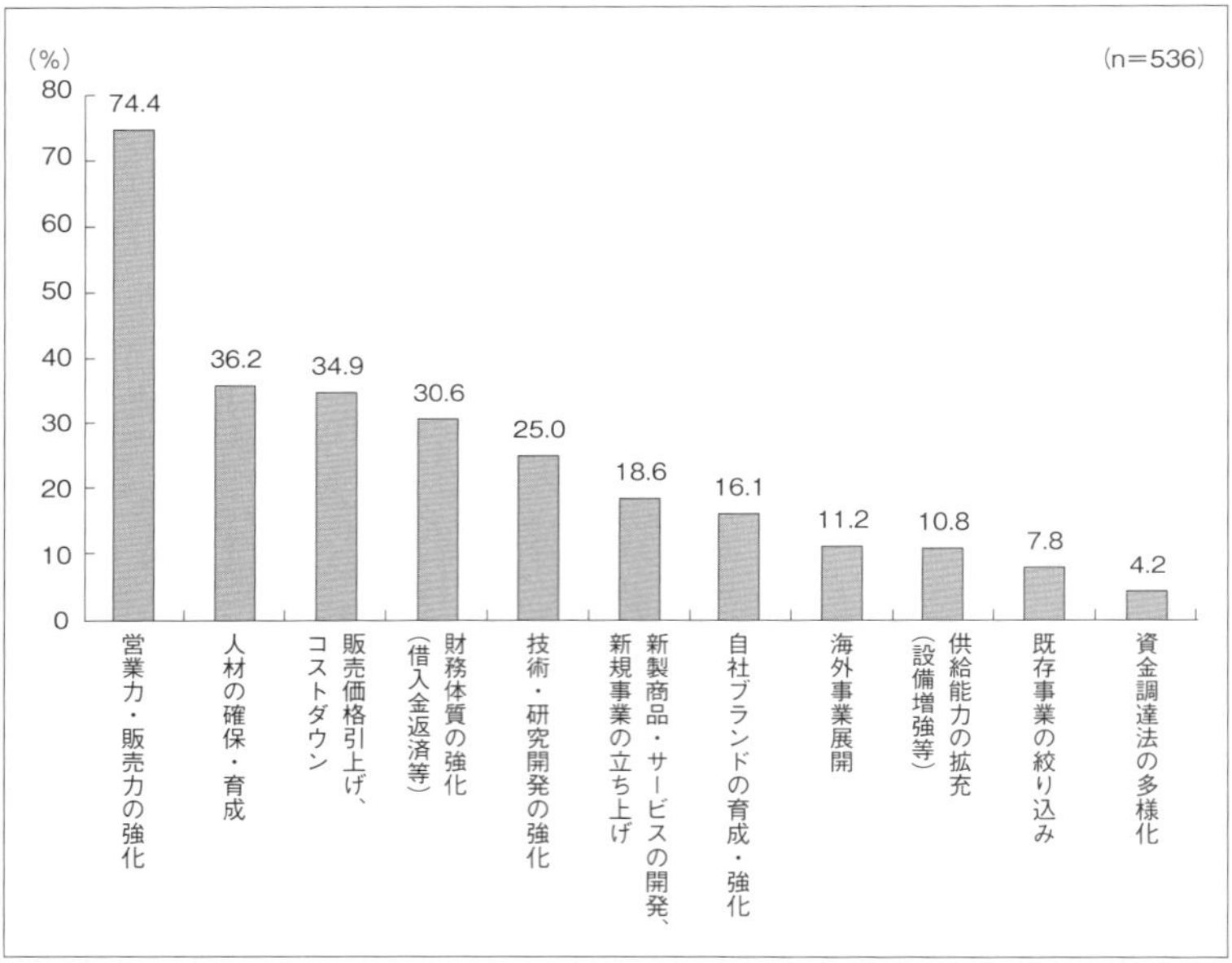

資料：（株）日本政策金融公庫「2012年の中小企業の景況見通し」（2011年12月）
（注）調査対象は、三大都市圏の（株）日本政策金融公庫の取引先。

中小企業の経営課題は、「営業力・販売力の強化」と回答している割合が7割を超えて最も高く、次に回答割合の高いものが「人材の確保・育成」で、中小企業の経営課題の中でも、特に重要なのが販路開拓となっている。

他なりませんから、売上高が伸びているということはそれだけ多くの取引先（お客様）から信任を受けている、正確にお客様のニーズをつかんでいる、ということになります。

つまり、「より優れたもの」を「より安定的に身近に」「より安く」「より信頼のできるところから」という取引先（お客様）のニーズに合致しているからこそ売上は増加するわけですから、売上高は最も重要な経営指標になるのです。

もちろん利益を度外視した単なる「安売り」で売上高を伸ばすようなことは経営を弱体化させるだけですから、一定の「売上総利益」「売上高総利益率」を確保した上での話です。

毎月の売上高を前年同月比較しその増減要因を把握し、競争他社の状況を学び適切な手を打ちます。1～2年という期間にわたって「売上高（営業成約高）、売上総利益、売上高総利益率」が落ちているようであれば、大きな需要の変化や商流の変化（ネットへの移行等）や人口年齢構成変化等に自社の戦略や戦術が追い付かず最新の世間の流れ（流行）に遅れている可能性があります。下請の場合には、発注元の経営状況が悪化しているか、海外など他の新しい下請に注文を奪われているかもしれません。

また、これからずっと続く国内における市場縮小経済は、勝者（残存者）が敗者の市場を獲得（奪取）し利益（残存者利益）を受ける「淘汰の経済」とも言えますので、もっと優れた競争相手が需要（お客様のニーズ）を奪っているのかもしれません。

ですから、ともかく一刻も早く真の原因を究明し対策を練り手を打つべきです。

たまに、繁盛した昔の良い時代を思い出して（心中ではそれが決して再来しないと分かっていても）、「いずれあの頃（高度経済成長期）のような良い時代が来る」と淡く期待し続け「ゆでガエル」（ゆっくり上昇する温度に気付かずいつしか安楽死してしまう）状態になっている社長に会うことがあります。

しかし、生産年齢人口が減少し高齢化し所得も減少しネットをはじめとする販売チャネルの多様化も進んでいる現状において、「あの頃」のような時代は一部の分野（環境、健康、高齢者関連事業、ネット関連等）を除いてはもはや再び到来することはないでしょう。普通にやっていれば誰もが経済成長の恩恵を受けることのできた時代はもうすでに終わりました。「抜きんでる努力」が必須な時代です。

「市場が縮小しているのだから売上減少は仕方ない」——言い訳の種はいくらでもあります。しかしそれを言い出したら、すでに市場からの退場に向かって歩み始めていると考えておいたほうがよいでしょう。

●減収増益、増収減益をどう考えるのか

売上高が減っているものの増益となっている「減収増益」をどう評価すべきでしょうか？

もちろん「事業経営は売上だけではない」のですから、減収でも増益でありさえすればよいとも言えます。特に事業戦略上「選択と集中」で不採算部門や不得意分野を切って新

しい事業経営構造に変革して増益とするケースは高く評価すべきです。

しかし、増益の理由が社長や社員の給与カット（もちろん高すぎた給与を業界並み水準に合わせるようなケースは別ですが）とか一時的な経費削減である場合は評価すべきではありません。コストカットは決して事業改善の抜本策にはならず、あくまでも一時しのぎのものです。

もとより、ムダを排除し合理化や効率化を常時推進して継続的に経費削減を図っていくべきことは言うまでもありませんし、社長は決してその手綱を緩めてはいけません。しかし、どのような状況下であれ、社長が常に念頭に置くべき最も重要なことは「売上高（営業成約高）、売上総利益、売上高総利益率」の持続的増大です。

それでは「増収減益」はどうでしょうか？「今のタイミングはまずは売上高を伸ばし市場シェアを拡大するのが最大課題だから、そのためには一時的に多少の利益は犠牲にする」と考える場合もあります。それはとても魅力的な戦略や戦術ですが、そのような局面においても、少なくとも経常利益率目標は緩めないことが重要です。つまり売上高総利益率では多少下げることがあっても、一般管理費等を削減するなどして経常利益率は目標を達成することです。「売っただけ損する」ような財務体力を消耗させる商売は基本的に長続きしません。

なお、「現金主義」の思考に基づいた管理上の売上総利益を算出する際には、仕入原価の中にはすべての支払金利を入れておくのがよいでしょう。支払金利はそれが仕入資金借入であれ設備投資資金借入であれ事業継続のために使っている借入金に対する経費ですから、仕入原価として捉えるのが正しいと考えられます。また、回収できないことが明確化した売掛金も原価に織り込んでください。

⑵重要な数字② 「経費率＝経費÷売上総利益」

事業経営にとって重要なことは、「より低い経費でより多くの売上総利益を生み出す」ことですから、「経費率＝経費÷売上総利益」の数値は少ないほどよいことになります。半期（月単位、2〜3ヵ月単位でもよい）単位でこの推移をチェックし徐々に改善させていきます。可能であれば、競合する同業者と比較して自社がどうなっているのかを知ることが大切です。また、「売上高」や「売上総利益」が減ってきているのに経費が減っていないような場合はムダな経費が生じています。

経費は常に生み出す利益にふさわしい水準であるべきですから、経費を固定費と変動費に分けてその内容をしっかりとチェックし速やかに手を打つべきです。一般的には、絞りに絞ったと思っていても経費のムダ遣いはあるもので、一層合理化・効率化すれば相当の経費削減ができる会社は実に多いのです。ですから、「もうこれ以上の経費削減はできないから、手っ取り早く効果が出る給与や賞与を削減してしまう」と考える社長は多いのですが、まだコスト削減に関する詰めが不十分です。好調の時に大盤振る舞いした家賃補助等人件費のフリンジや、事業規模の変動にかかわらず常に一定の金額を支払っている固定費的な経費の中にムダのあることが多いので見直してください。

ともかく簡単にできる給与カット・賞与カットをする前に、常にムダを突き詰め排除して経費削減していく努力を惜しんではなりません。

「煙突から出ている煙さえも惜しいと思う」と言った名経営者がいましたが、経費節減に対する気迫のこもった思いが伝わってきます。このくらいの気持ちで経費削減に取り組まなければなりません。

「売上高（営業成約高）、売上総利益、売上高総利益率」と「経費率＝経費÷売上総利益」を正確に把握し継続的に改善していけば次第に財務体力がついてきます。

こうして経営の実態を数値で認識し、それぞれの数値に関して目標値を設定して徐々に良い方向へと改善していくよう取り組んでいきます。

なお、自社の損益分岐点（固定費÷｛1－（変動費÷売上高）｝）および損益分岐点比率（損益分岐点売上高÷売上高）分析を通じて、売上高、固定費、変動費それぞれについて、どのように改善を図っていくのが望ましいのか——についても合わせて考えを深めていくことが大切です。

(3) 2年後を見据え「目標設定」する

まずは中長期（3〜5年）の経営計画（中長期のビジョン）を策定することが大切です。市場動向を予測し、経営課題と経営戦略を明確化し、それを実現するための、戦術を具体的に策定します。

数値目標は、「売上高（営業成約高）」「売上総利益」「売上高総利益率」、「経費率＝経費÷売上総利益」については期（6ヵ月）ごとに目標値を設定しますが、目標設定に当たっては、常におおむね2年先を見据えていくようにします。

「1年先はこんな感じにしたい」「2年先にはここまでもっていきたい、そのために今期はこの程度はやっておきたい（やっておかなければならない）」

このような思考ロジックに基づいて、過去2〜3年間の実績や足元の勢いや経営状況等を踏まえ、数値の妥当性を吟味し「若干背伸びした数値」を目標として設定します（2年先までは達成すべき目標値として設定し、3年目以降はとりあえず2年目までの数字を参考にした数値を仮置きします）。

その際必ず、実際にその数値目標を請け負う現場の率直な生の声を聴いたり雰囲気（空気感）を確かめ、実現可能性をチェックします。目標値はすべて現場の各社員に割り振り実現に向けて（結果を出すよう）取り組んでいくことになりますから、現場が受け入れることのできる目標数値でなければなりません。絶対に手の届かないような高すぎる目標は社員が最初からあきらめてチャレンジしようともしませんから回避すべきですし、前の期とほぼ同額とかやや低い目標では「繁栄や成長」を目指すことができません。

社員のやる気を引き出し意欲をかき立てるには、「実現可能性の高い数値を若干背伸びさせた数値」が適切です。目標を達成した時の達成感や充足感を味わえるような数字とし、少なくとも2期（1年）のうち1期は目標達成するような数値目標が望ましいと考えられます。

やや高めな目標値を設定しこれを達成すれば、次の期はその実績値にさらに上乗せした目標値を設定することになります。

これを繰り返して目標も実績（結果）も上昇してくれば、徐々に既存の経営資源だけでは足りなくなり、仕入れの増加、販売チャネルの増設、社員の増加、設備の増設など新たな経営資源の投入が必要となります。必然的に必要資金も増加してきます。目標値は経営資源と密接不可分のものです。

たとえば、新しい販路開拓のめどが立ったり格好の店舗物件を借りることができて売上高目標を一気に高めるような場合なら、仕入れを増やさなければなりません。仕入先としては注文が増えればありがたい話でしょうが、在庫を圧縮しリスクを極限的に回避しようという経営者が多い時代にあって、価格・数量・納期、いずれも満足のいくような仕入れができるとは限りません。製造業であれば加工する人手が必要となりますが、技能ある人材は簡単に採用できません。また増加した分だけ仕入資金や在庫資金が必要となります。手元資金が潤沢にあればよいのですが、ないようなら金融機関に相談するなどして資金調達しなければなりません。経費率を改善するために最新の機械設備やＰＣシステムに入れ替えるような場合にも、新たに投資資金が必要となります。

このように、目標と経営資源はコインの表と裏のような関係にありますので、目標設定に当たっては、常に、既存の経営資源で賄えるのかどうか、ボトルネック（隘路）となるような要素はないか、手元の資金や金融機関からの調達余力は大丈夫か、などを事前に十分検討し考慮しておく必要があります。

繁栄と成長には、常に適切な目標設定（夢）とそれに見合う経営資源の投入（現実）が必要となります。「夢」と「現実」を結び付ける役割こそが社長の最大責任であり最大権限と考えれば、目標設定は社長の真の手腕が問われる最重要マターであるということができます。

閑話休題④

●目標設定と社長の魅力

変化の激しい時代にあり、あまり遠い未来を見据えても不確かさが増して霞んできます。かといって、足元の目標値を設定する際、１年程度先しか見据えていないとすれば、あまりにも近すぎて事業の成長ストーリーが描けず中期的視点に欠けると言わざるを得ないでしょう。

繁栄し成長している企業の社長は、3年（あるいは5年）ごとに「中（長）期経営計画」として基本戦略・戦術を策定し、それに沿って売上高（成約高）、粗利益、経費、純利益、利益率、経費率、研究開発費、投資額等々の数値目標のほか、社員教育の強化、顧客満足度の向上等の非数値目標を立てているケースが多いのですが、数値目標については期（6ヵ月）ごとに、計画と実績のズレを踏まえてより現実に合った目標（計画）値へと修正を加えていきます。これをローリングプランと呼んでいますが、目標値は必要に応じ弾力的に見直していくことが大切です。

社長にとって各期の目標設定（目標項目、目標数値の決定）は極めて重要度の高い仕事ですが、心理学者アトキンソンの「達成動機理論」によれば、達成確率が50％の時が最も達成動機（達成しようという意欲）が高まるとのことです。目標は、高すぎれば最初からあきらめるし、低すぎれば取り組む意欲が湧きません。「工夫し努力すれば何とかなる」数値がよさそうです。

もっとも、目標を達成しようという意欲の源泉は、こうした目標値の作り方のノウハウもさることながら、やはり「この社長のためなら何とかしよう」という「理外の理」とでもいうべきものなのでしょう。社長が魅力的で強ければ結構厳しい目標も達成してしまうケースをよく目にします。

⑷理想のB／S（貸借対照表、バランスシート）をイメージする

貸借対照表を見るとその会社の姿かたちが分かり、事業を積み重ねてきた歴史が垣間見えます。ですから、これからさらに事業を繁栄させ成長させようと強い信念をもって取り組んでいる社長は、自社の将来のB／Sをイメージしながら毎日の事業経営に当たっています。

毎日毎日、売上の増加や社員のケアや取引先との付き合いや資金繰りやミス・トラブル対応に追われて、とてもそれどころではないかもしれません。しかし、毎日毎日の積み重ねがB／Sの姿かたちになっていくのですから、「こんなB／Sにしたい」と思い描きながら毎日の経営に当たることは繁栄や成長を図る上で極めて重要です。

それでは理想のB／Sはどんな形なのでしょうか。

営んできた歴史の長さや業種によって異なりますが、目標とするべき数値は2つあります。

一つは「自己資本比率50％以上」、もう一つは「現預金1年間の売上総利益以上」です。なお、借入に対応する勘定は商品（+在庫）と償却できる建造物や設備などであり、何に使われているか分からない「投資」勘定はあってはなりません。もちろん社長やその一族からの借入れもないほうがよいです。

拡大成長期には自己資本比率は悪化しますが、それでも常に50％を目指す経営が基本となります。自己資本の源泉は利益ですから、たとえ拡大成長期にあっても売上総利益や経費率の目標は落とすことなく、少なくとも経常利益率ベースは目標を達成し、成長の局面ごとにしっかりと利益を蓄積していく経営を目指すことです。

第四策 モットーは「王道を行く」

▼ポイント▲

①常に正々堂々とし、誠実で正直で基本に忠実で「王道を行く」。
②「正確・迅速・約束を守る」ことを会社経営の基本的な行動指針とし、社員教育し浸透させ徹底する。
③常に自分自身に対して厳しく公私を峻別しある種のすがすがしさがある。
④時間の使い方が実にうまく、オンとオフの切り替えがうまい。
⑤社員に求める「普通の水準」を日々高めるよう努力しその手綱を緩めない。

⑴王道を行く

「王道を行く」。

青天白日、何らやましいところなく常に正々堂々として「正しい（誠実・正直）」姿勢で経営に当たる――社長の資質としてこれはなくてはならないものであり、繁栄と成長の前提だと考えられます。

繁栄し成功する企業の社長はどのような性格の持ち主であれ、基本的に誠実で正直という美徳を持ち、基本に忠実（遵法、公私峻別、正確、迅速、約束を守る）で原理原則を重視し後ろ指を指されるような行為は一切しないというタイプが実に多い。その結果規模の大小を問わずその会社も社長が持つそのような風格が出てきます。

もちろん競争の世の中ですから、社長には「清濁併せ呑む」度量の広さは不可欠です。それに、事業経営は慈善事業ではなく営利を追求するものですから、計算高く利に敏い（さとい）ことも社長に求められる極めて重要な能力です。

このことを踏まえた上での話ですが、ビジネスの場面では、相互に商談や契約が成立する場合の最も重要な判断基準は、常に、法令順守の枠組みの中での「経済的合理性」と取引相手の誠実さや正直さから生み出される「信頼（信用）」です。つまり、売り先であれ仕入先であれ社員であれ、事業を取り囲む利害関係者（ステークホルダー）のうち常に特定の者だけが得をする（損をする）ような関係は決して長続きしないということです。また、お互いに疑心暗鬼となるような不安定な関係も長続きしません。

　事業を長期間にわたって継続させ繁栄させ成長させるためには、「事業経営は腹芸や駆け引きが通用するほど軽くて安直なものではない」、ということをしっかりと胸に刻み込んでおく必要があります。


　一昔前のように、市場拡大し所得も上昇し消費者やマスコミの目も緩やかだった時代であれば、少々荒っぽい商売も大目に見てもらって許されるような雰囲気もありました。しかし、昨今では消費者保護関連法規強化を代表格として各業界とも関係法令が強化されてきていますし、法令順守に対する世間の目も格段に厳しくなってきていますから、法令違反したり違反すれすれのことをやっていれば、直ちに市場や顧客から退場を迫られるような時代となっています。競合他社もこれを見逃したりはしません。

　こうした事業環境の変化も考え合わせれば、様々な関係者と常に誠実に正直に正々堂々とした関係を長期にわたって維持し法令を順守して「信頼関係をゆるぎないものにしていく」ことの重要性がますます高まってきており、それが事業経営の繁栄や成功の前提となってきていることが分かります。

　日本経済新聞の朝刊に「２００年企業」というコラムがあります。

　そこでは、いわゆる老舗（長寿企業）が長期間にわたって生き残ってきている「持続能

力」はどのようなものなのかについて、毎回具体的な企業を取り上げ語られていますが、連載200回目に老舗の共通する特徴を、
『200年企業』は常に社会を意識し、それが顧客本位の経営姿勢につながっている。そこから得た顧客からの信頼が事業を支えていく好循環を生み出している」
と記しています。

超長期の間に起きた様々な社会変化、経済変化等に柔軟に適応し変化しながら生き残ってきている老舗企業の「知恵」が要約されていて示唆に富みますが、改めて、長期間にわたる事業経営においてはやはり「社会やお客様からの信頼、信用」が最も大切で重要だということがよく理解できます。

社長が「王道を行く」ことは、長期間にわたる事業の繁栄と成長の前提と言えるでしょう。

(2) 社員教育の基本は「正確・迅速・約束を守る」

それでは社長が「王道を行く」ためには、どのような基本方針で経営に当たったらよいのでしょうか。

たとえば、品ぞろえや品質や価格に大きな差異が認められないAとBの2つの同業者が比較的近隣で競い合っている場合、どちらの会社に軍配が上がるかは、多くの場合「頼ん

だことは常に正確に迅速にやってくれる」「約束（期限）は必ず守る」側です。いくら挨拶に活気があって素晴らしい気分の良いピカピカの店舗であっても、ミスが多かったり頼んだことをしっかりとやってくれないような会社は選ぶ気になりません。どのような業種であっても同じことが言えます。

昨今のように競争者間で常に相手の戦略や戦術を研究し良いところはすぐに採用してしまうような競争環境下にあっては、長期間にわたって品ぞろえや製品特性、サービス、技術力等の「付加価値」で他社との差異化を図ることはなかなか難しく、短期間で同質化してきてしまいます。

それでは、こうした短期間に同質化してしまうような競争下における企業の「付加価値」の差はどのような要因で出てくるのでしょうか。

それは結局、お客様からの「信頼・信用」の大きさ如何、ということになります。すなわち、安心して、信頼し、信用できる企業であること、そのことそのものが、その企業の「付加価値」になります。「あそこに頼めば安心だ」という「信頼・信用」が得られなければ、どんな立派な店舗や設備で商品やお客様サービスを準備していたとしても、安定して長期間にわたって売上高を伸ばすことはできません。仮に一時的にうまくいったとしても少し時間がたてば相手にもされなくなります。

それでは、安心して、信頼し、信用できる会社になるためにはどうしたらよいのでしょうか。

それは、常に会社全体を「正確、迅速、約束を守る」ことに徹するよう社員教育し、そのレベルを持続的に高めていくことです。一つひとつ見ていきます。

①正確

まず「正確」（清潔・整理整頓も入ります）。

何事も間違わないことです。これが基本中の基本です。たとえば、頼まれた商品と違う商品を渡してしまった、製造した機器に欠陥があった、必要書類をもらわなかった、売り上げた現金を間違って過少に受け取った、支払金額を間違えた、やるべきプロセスを一つ飛ばしてしまったため不完全な商品が大量にできてしまった、Aさんから依頼された料理を勘違いしてBさんのテーブルへ届けてしまった――など、些細なミスであっても起こさないことが大切です。

どの会社でもミスや間違いは起きてしまうものですが、言うまでもなくこれが信用や信頼を失うもとです。常にすべては正確になされなければなりません。「神は細部に宿る」という言葉がありますが、ビジネスにおいて最も重要なことは、日常業務における細部の正確さを最重視することです。

誰であってもミスばかり犯すような先との取引はしたくないわけですから、細部に至るまで「正確」であることはビジネスにおいては基本中の基本で、日常的に徹底して社員教育しミスをなくし「正確」に徹することが重要です。

たまに「私は経営全般を見ているので、細かいことは部下に任せてありますからあまりよく分かりません」とのんきに話す社長にお会いすることがあります。しかし、本当に細部が分かっていないで経営ができるのでしょうか。

細部の集積が経営です。経営は決して「幹」で成り立っているわけでなく末端の「枝や葉」が吸い込んだ養分で成り立っています。「枝や葉」が吸い込んだ養分のおかげでゆるぎない根や幹が形成されます。

もっと言えば、幹――たとえば経営基本方針や基本的な経営戦略等――程度は誰にでもできるのです。現に多くの優秀な社員がいても、その会社で職務についたこともない赤の他人のコンサルタントに、多額な費用を支払って中長期の基本戦略を立案させるような大会社があります（もちろんコンサルタントは多くのクライアントを見てきている実績がありますから様々なノウハウもあるし、他社の好事例などをうまく流用してアドバイスしてくれますから、うまく利用すれば有用です）。

しかし難しいのはその先です。どうやって立派な経営戦略を枝や葉に展開していくか、すなわち最前線に目標値としてブレークダウンし毎日の活動に展開し「正確」に実行させ実績に結び付けていくか、です。これが最も重要ですから、そのためには細部の理解が欠かせないわけです。いかに立派な経営戦略も現場に展開できないようではお話になりません。

ところで、「正確」というものには一つ特徴があります。それは、合理化し効率化して標準化すればするほど「正確性が増してくる」という特徴です。無駄をなくすことが正確さを増すことにつながっていくわけです。

つまり「正確」を追求していく行為は結果としてコストを低減していく行為と一致します。たとえば、紙の媒体から電子化（システム化）する、プロセスを短縮する、プロセスを組み替えて同種の業務を同時に行う、処理する日や時間を変えてみる、社員一人ひとりの実践的能力を毎日高めていく、などがあります。「正確」を追求するためには、社員のレベルを向上させ日々革新し合理化や効率化を追求しそれを標準化していくことが極めて大切で、そのことがコスト低減にもつながっていくのです。

神ならぬ身の人間が担っている以上ミスゼロの実現は不可能ですから、「正確」を追い求め限りなくミスゼロに近づけるために、社員レベルを向上させ、合理化・効率化を追求し標準化する活動に「終わり」はありません。

②迅速

第二は「迅速」です。

ビジネスでは、その内容や種類ごとに許容される時間の長さというものがあります。たとえば量販店でパソコンをローンで買う審査に30分もかかるようでは話にならないでしょうし、出来上がりが同品質のクリーニング店であれば一日でも早く出来上がる店にお願いするものです。お客が来てからさばくことで有名なうなぎ屋なら1時間待っても文句は出ないでしょうが、ファストフード店で10分も待たされたらうんざりします。レジに長蛇の列ができているのに空いているレジに社員を配置しないのはいかがなものでしょうか。事例はいくつも挙げることができますが、ビジネスにおいて迅速さ（Speed）は正確さに次いで重要で、いかに正確であってもあまりにもスローだったり分らないからといって握りつぶしたりしてはだめです。正確の上に迅速であればお客様の満足度は増します。速さは競争の武器です。

「迅速」には物事に取り組む際の「何から手をつけていくのが最も効率的で合理的か」という優先順位付けの巧みさ、段取りの良さが常に求められます。後からまとめて処理したほうが早く終わる仕事もあるし、どんなに忙しくて面倒であっても発生の都度完結していくことが最も合理的なタイプの仕事もあります。事業経営の現場では、仕事の重要性や難易度・繁閑度（量の多寡）・直面するお客様の求める要求内容・求められている納期などが絡み合う中で常に優先順位付けしなければなりません。

「迅速」さはそうした巧みな優先順位付けや段取りの創意工夫の結果生み出されます。

③約束を守る

そして第三は「約束したことは守る」ということです。

仕事を離れた私生活でも「約束を守る」のは人間関係の基本となる相互「信頼」の前提ですが、事業経営においても同様です。「お客様との間で約束した納品期限を守る」「約束した時間にお客様のもとを訪問する」など事業経営の現場では様々な約束がなされていますが、それらはことごとく守らなければなりません。できないような約束はすべきではありません。

社内でも同様です。ひとたび「やる」と決めたことは、必ず期限を定め、約束どおり成果や結果を出さなければなりません。

これも当たり前のことです。

以上、「信頼・信用」を得るための社員教育のカギとして「正確、迅速、約束を守る」ということをお話しました。お客様や関係者（社員を含む）の安心や信頼や信用を失うのは一瞬ですが、それを構築するには多くの時間が必要です。

経営を実践する際の重要なキーワードに「報・連・相」（報告・連絡・相談）がありますが、長きにわたって事業を繁栄させ成長させるためには、社員教育を怠らず会社全体が毎日毎日「正確、迅速、約束を守る」――これらが隅々まで実践されていなければなりません。

(3)「公私混同」しない

会社経営の根幹の一つに「社員に規律を守らせる」という問題があります。

事業に関係する法令や社内規定を順守させ組織の規律を維持し経営していくことは極めて重要です。先ほども申し上げた「正確」を維持するには法令や社内規定の順守が前提となります。ですから、どの会社も朝礼や定例ミーティングの場を通じ、また、定期的に研修会や勉強会を開き、社員に周知し実践させていくことが極めて重要となります。

これを実のあるものにするために最も重要で基本的なことは、まず「公私混同」は許さないという社風を作り上げることです。

そもそも「公私混同」を平気で許すような社風では、法令・社内規定の順守や規律の浸透という「公」も、それを面倒だと思う「私」が邪魔をして実現が困難となり、「公」のありようを見えなくしてしまいます。

それでは「公私混同」を許さない――つまり公私を峻別させるために最も重要なことは何なのでしょうか？

それは、何をおいてもまず社長自身が自らに公私混同を許さない、社長が率先して公私を峻別し公私混同しない、これが最も大切です。

社長が、取引先でもない仲間内でゴルフをしてこれを会社に請求する、自分の楽しみのために使った支出を会社の経費扱いにする、身内の社員に妙に甘い、これらは明らかに公私混同です。社員は良きにつけ悪しきにつけ社長の後姿を見て育っていきますから、社長が堂々と公私混同して「何でもあり」のような振る舞いをしているようでは、社員に規律を浸透させるのは難しくなります。

たとえば、ある社員が帰りの電車の中で商談中の取引先の窓口となっている担当者とばったり会って事の成り行きで少々飲みながら商談の続きをやることになったというケースがあったとします。これはもちろん「公」ですから会社の経費にすべきですが、これを「事前の届け出」が社内ルールだからといって自腹でやれというのは間違いです。たとえ1円であっても、それが「公」で使ったものである場合には当然ながら会社が負担しなければなりません。

社長には甘いが社員には厳しい。これでは規律の浸透は不可能です。

公私混同が表れやすいのが接待交際費の使用や職務時間中の時間の使い方ですから、社長たるもの常に姿勢を正しておくことが肝要ですし、社員に対しても「公」の出費はその金額を問わず堂々と会社に請求させる、職務中不在となる場合は行き先を明確に伝えさせるようにしなければなりません。

また、身内の人材や自分に近い社員を格別に優遇するような公私混同もできるだけ避けなければなりません。人事評価においては、どうしても、気が合うとか合わないとか、異論を唱える社員を遠ざける、といった理屈以外の私情・感情・人間同士の肌合い、といったものが絡んでしまいがちです。これはいたしかたのないことなのですが、それでも行き過ぎてはいけません。少なくとも、半数以上の社員が違和感を持つような身内優遇や気の合う社員だけを優遇するような人事は避けることです。

法令や社内規則を順守させ組織の規律を保つためには、公平な社内ルールを明確に示し、人事評価や処遇もできるだけ公平に実施し、社長が率先して何事においても「公私混同」を許さない、公私は峻別するという姿勢を貫いていくことが重要です。

⑷オンとオフの切り替えがうまい

オーナー社長の多くは四六時中会社のことを考え、息を抜く暇はないように思われがちです。ところが繁栄と成長をものにしている社長は時間の使い方がうまく、オンとオフの切り替えも見事です。

仕事を忘れて脳を仕事から解放してあげる時間をしっかり持ち、脳をリフレッシュし経営への意欲をさらに高めています。

趣味も、プロ顔負けの油絵を描いたり高スコアのゴルフを楽しんだり、そうかと思えば歴史に造詣が深かったり農業に興味を持ったりと、いろいろなことを実践しています。肉体を鍛え、トレッキングやトローリングといったアクティブなアウトドア派も結構いますし、読書や音楽・絵画鑑賞といった静かな趣味を持つ社長も多く、実に多彩で羨ましく感じることがあります。

四六時中「オン」ではなく、脳のスイッチを「オフ」に切り替えオフタイムにはオフの楽しみを満喫することが明日への仕事の意欲をかきたてるのです。もちろん、ひたすら会社のことだけを考えるのが最高に幸せと感じたり、常に会社のことだけを考えることそのものが生きがいでストレス解消法だとする社長もいます。

しかし、繁栄や成長のためには「オフ」の喜びを満喫することも決してムダではありません。「オフ」の時間は視野が広がりますし、全く畑違いの人と出会ったり、突然ひらめいたり、思わぬ収穫のあることもあります。

閑話休題⑤

●刃を研ぐ

スティーブン・R・コビーの「7つの習慣―成功には原則があった!」(キングベアー出版)は、成功するための習慣(人格は繰り返す行動の総計である。それゆえに優秀さは単発的な行動にあらず、習慣である:アリストテレス)として、①主体性を発揮する、②目的を持って始める、③重要事項を優先する、④WIN―WINを考える(当事者全員が望ましい結果を得て満足できる状態を目指す)、⑤理解してから理解される(高度な信頼関係の確立を目指す)、⑥

相乗効果を発揮する（全体の合計が各部分の和よりも大きくなることを目指す）、⑦刃を研ぐ、という7つが語られ説得力に富みます。

　これらのうち7番目にある「刃を研ぐ」は、①〜⑥までの習慣の基礎として、成功を持続させるためには、自らの精神や知性などを新しい状態にする「再新再生」の時間をとる必要があり、自分自身を維持するために肉体、精神、知性、社会、情緒の各側面でバランスよく「刃を研ぐ」必要がある、と説きます。

　すなわち、肉体は、栄養のある食事をとり休養に心がけ運動し、持久力、柔軟性、強さの3つをバランスさせること。精神は、自分を見つめ静かに考える時間をつくり、ゆるぎない穏やかで明朗な心を持つこと。知性は、定期的に優れた本を読み、先人に学ぶことによって身につけること。これらによって社会、情緒面の安定が得られる、と説きます。

　事業の繁栄と成功を持続させるためには、肉体や精神や知性を磨き続けることを忘れるわけにはいきません。

⑸社員の「普通の水準」を高めていく手綱を緩めない

たとえば、今後の営業戦略に関して重要な会議を開催したとします。

A社では会議の結論等が要約された議事録がその日のうちに社長に回付され、B社では関係者に回付されて手直しが入った上数日たって忘れた頃にやっと回ってくる、C社では指示があるまで議事録そのものが作成されない——とします。

これはそれぞれの会社の「普通の水準」のレベルの差と言えます。一般的に、会議の議事録を作ることは当たり前のことですから、この場合はA社が最も「普通の水準」が高いことになります。

新聞や雑誌やテレビでちょっとした競合他社情報が取り上げられていたケースを考えてみます。常日頃から競合他社に興味を持ちこれを追い抜こうとしている社員が多い会社では、そのことを家族や知人までもが知っていて情報網が多岐にわたっていますので、すぐに社内で共通の話題になりますが、関心のない社員がそろっている会社では話題にもなりません。

「普通の水準」は、それぞれの会社によって大きく異なりますが、それは社長が日常的に社員に対して「普通に求めているレベル」の高低によって決まってきます。「普通の水準」が高い企業ほど、社員が良く教育されており会社全体の教育レベルが高いことになります。

全社員が最低限日本経済新聞を毎日読むことが当たり前の会社とそうでない会社、お客様が来店したら立って「いらっしゃいませ」と気分よく迎える会社とそうでない会社、注文に対する仕上がりの確かさが高い会社とそうでない会社、社内ルールが文書化され標準化されている会社と口伝に頼っている会社…などなど、明らかに「普通の水準」が異なります。

もちろん、「普通の水準」が高く立派な社員が多くいても、お客様の声より上司の声や社内力学を重視し本来お客様のために使うべき社員の能力やエネルギーの多くが会社の内部で消費されてしまうような会社においては、いくら社員一人ひとりの知的装備が充実し「普通の水準」が高くてもその力を本来の職務において発揮することはできず競争優位に立つことはできません。また、社長が下した最終的な決断が間違えば、いくら「普通の水準」が高い立派な社員が多い会社も敗退していきます。

しかしそれを承知の上でもなお社長は「普通の水準」を日々高める手綱を緩めてはなりません。いつの時代もそうですが、競争優位に立つために何か特別の秘策があるわけではありません。日々社員全体の「普通の水準」を高めていくことは、強い会社（チーム）となるための重要な必要条件の一つなのです。

優秀で実績もしっかり出しているトップレベルの社員に期待をかけ一層教育しレベルを引き上げ、その他の社員に対しては見習うよう指導する。これも社員レベルを上げていく重要な手法の一つです。

しかし、企業はチームプレイですから、こうしたトップランナーを育成することも大切ですが、それ以上に、その構成メンバー全体の発揮能力の水準を持続的に引き上げていくことが求められます。

企業も、野球やサッカーやオーケストラなどと同様、一人ひとりの技能の集積がそのチームの総合力となりますから、そのチームを強くするには、やはり構成メンバー一人ひとりの技能を同時に高め全体レベルを上げていく必要があります。チームにスター選手は必要でしょうが、スターだけで成り立っているわけではありません。ベルリンフィルやウィーンフィル等世界の名門オーケストラでは、構成する一人ひとりの楽員すべてがソロでも十分に通用する技術と音楽的素養を身に付けていると言われています。

長期間にわたる繁栄と成長をものにするには、やはり社員個々の平均的レベルを高めていくこと、つまり社員の「普通の水準」を高めていくことを忘れてはなりません。

第五策　経営課題も解決策もすべて「現場」にあることを知っている

▼ポイント▲

①悩みに突き当ったら「現場」——①利益の源泉である「お客様（売上先）」、②そのお客様や仕入先ともっとも近いところで頻度高く接し職務をこなしている「最前線の担当者」、③売る商材や部品の供給元である「仕入先」——へ出向いてその実態を自分の目で確かめその空気を肌で感じその声をできる限り深く丁寧に聴いて、経営課題やその解決策を発見する。

②こまめに「現場」に足を運び現実把握の努力を怠らず、「現場」から先々の変化の予兆を感じ取る。

③業績好調で調子の良い時には必ず油断や理由なき驕る心持も生じやすく「悪い種が植えられる」危険が高まってくるので、危機にある時よりはむしろ調子のよい時にこそなお一層「現場」を重視し、潜在している将来リスクを発見して先手を打ちリスク回避し、繁栄と成長をゆるぎないものにするよう留意する。

(1)経営課題も解決策もすべて「現場」にある

社長は、常に次のような経営の舵取りや方針の決断や将来展望に関して思いを巡らせ悩んでいます。

・将来へ向けた次の一手が思い浮かばない
・いろいろな手を打つが事態が一向に改善されない、いやむしろ悪化している
・苦境を脱する妙案がない
・部下に指示してもなかなか実行してくれない
・事業拡張のためには選択肢がいくつかあるがどれが最も適切な選択なのか決断できない
・現在は順調だが先行きに不安がある
・競争相手が頑張ってきている、対抗策をどうしようか

こうした悩みや不安に関して、「仮説」を立て「検証」する作業を繰り返してもなかなかうまくいかず、焦って何も手に付かないことすらあります。

業績不振会社へ行くと会議が増え、コピー枚数が増えるようになり、社長は社長席から動かずただパソコンの数字を見つめ、成績不振の部下を呼び付け「なぜできぬのだ!」と罵声を浴びせるような場面にお目にかかることもあります。

しかし、いくら会議の頻度を高くし原因究明や対策立案を議論し部下を呼び付けて不調の理由を問いただしてもあまり効果が上がりません。

そんなことをするよりも、そうした場合には自分自身で最前線の現場に出向き、自分自身で状況を確かめることが最も大切です。

●現場に解あり

繁栄し成長する社長は、事業経営においては経営課題もその解決策もすべての「解」は「現場」にあるということを良く知っています。

ですから、常に最前線の現場を最重視し取引先や現場への訪問頻度が高く、社員の苦言にも聴く耳を持つ「聴いてくれる社長」と信頼されているタイプが多いのです。

それでは「現場」とはどこを指すのでしょうか？

それは、

①利益の源泉である「お客様（売上先）」

②お客様や仕入先などともっとも近いところで頻度高く接し職務をこなしている「最前線の担当者」（製造業であれば製造担当者）

③売る商材や部品の供給元である「仕入先」

の3つを指します。

これら3つの「現場」の実態を自分の目で見、空気を肌で感じ、またその声をできる限り深く丁寧に自分自身で聴いていくと、経営課題やその解決策は必ず発見できます。これは事業規模の大小を問わない普遍的な事実です。

つまり、経営課題やその解決策はどこか遠いところにあるのではなく常に自分の「手の内」にあるのです。

しかしそれは、考えてみれば当たり前のことです。

社長が何日間か海外視察に行っても、事業活動は何ら支障なく回ります。しかし、最前線で業務を担っている社員の数人が急に風邪をひいて休んだりすれば、すぐに営業活動に支障をきたします。お客様が長い期間減少し売上不振が続いたり、仕入先の供給が急に少なくなったり倒産すればたちまちにして事業経営の根幹が揺らぎます。

これは、日常的な事業活動は社長ではなく基本的にはその大半を「現場」、すなわち①利益の源泉である「お客様（売上先）」、②そのお客様ともっとも近いところで頻度高く接し職務をこなしている「最前線の担当者」、③売る商材や部品の供給元である「仕入先」、が担っているから起きるわけです。ですから、これら「現場」の実態や生の声の中にこそすべての経営課題やその解決策があると言えるわけです。

この「現場」に関して実に興味深い報道があります。

日本航空の会社再建に関する日本経済新聞（２０１２年２月29日　朝刊）の記事は次のように報道してます。

「日航再建の主体は企業再生機構が引き継ぎ、実践は前会長の稲盛和夫（80）らに委ねられた。だが稲盛らが日航に施した処方箋は、部会（筆者補足：ＪＡＬ再生タスクフォース（作業部会））の構想と大きく変わることはなかった。「企業再生にマジックはない。結局、誰がやっても同じ絵を描いたと思う」。部会の一員だったプライスウォーターハウスクーパースのパートナー、田作朋雄（56）は言う。厳密に言うと、日航再生のアイデアを出したのは部会でもない。09年9月に日航に乗り込んだ田作らは、30代、40代の中堅社員に集中的にインタビューした。守秘を確約すると、警戒していた中堅社員達が、堰を切ったように語り始めたという。「ジャンボを捨てれば収益は改善する」「政治家に押しつけられた不採算路線を切りたい」。「この2年でやったのは、当たり前のことばかり」。日航の元企画担当は打ち明ける。破綻前にそれが実行できなかったのは「**危機意識が欠如していたから」だ。解は最初から現場にあったが、誰もそれを実行しないまま日航は破綻へと突き進んだ**（太字筆者）」

繰り返しますが、持続的に事業経営を健全に成長させていくためには、常に①利益の源泉である「お客様（売上先）」、②そのお客様や仕入先ともっとも近いところで頻度高く接し職務をこなしている「最前線の担当者」、③売る商材や部品の供給元である「仕入先」――すなわち「現場」を最重要視することです。

なお、「三現主義」（机上であれこれ考えるのではなく、実際に「現場」に足を運び、「現物」に触れ、「現実」を正確に直視して経営課題や問題の解決を図るという考え方）はご存知だと思いますが（これに「現金」――儲かっているかどうかチェック――を加え「四現主義」と言う社長もいますが）、筆者の指す「現場」は、これら3つの「現」を、「売上先」「最前線の社員」「仕入先」――の3つの主要な経営の側面ごとに捉えることを求めていると理解していただきたいと思います。

⑵こまめに「現場」に足を運び変化の予兆を感じ取る

経営課題もその解決策もすべては「現場」にありますから、社長は積極的に現場に出なければなりません（Walking Around ＝よく歩き回る）。

社長は「現場」に出向き、売上先のお客様の声を直接聞く、最前線で働く社員の生の声を聞く、仕入先の社長やキーマンに会って最新情報を得る、社長室に招くのではなく、出向いてその場所の空気に触れその場所の雰囲気に触れながら観察し傾聴する、本音が出ないようなら酒でも酌み交わしながら心を開いて傾聴するよう心がける、こうした活動を好調の時も不調の時も定期的に行っていくことです。

そうすれば、現在はもとより先々の経営課題もその解決策もすべて明らかになってきます。

それでは、「現場」の一つひとつを見ていきます。

●お客様（売上先）

お客様（売上先）を訪問する場合、率直に苦言を呈してくれる先ほどありがたいものはありませんから、積極的に「うるさい先」と言われる先を優先的に訪問するべきです。「お客様第一」（Customer First）の精神はビジネスにおいては基本中の基本とされています。売上先は収益の源泉ですから機会あるごとに訪ね話を伺い、満足度が満たされているかどうか、改善ニーズやクレームはないか、競争相手の評判はどうかなどを確認します。詳しく話を聴いていけば需要の変化の予兆も必ず嗅ぎ取れます。

お客様が不特定多数の小売業などの場合には個人のお宅を訪問するわけにもいきませんので、社長が店頭を定期的に観察します。近くに競争相手がいればそこも同時に観察します。この他、アンケート調査などお客様の率直な「ご意見」を定期的に収集する仕組みを構築することも大切です。

ところで、売上先の「お客様」を考える場合、現時点における主要（重要）先の満足度が満たされているかどうかを優先的にチェックしますが、忘れてならないことは、現時点における貢献度は小さい先でも、将来増加が見込まれる先が存在する、ということです。「ロングテール理論」をご存知の読者も多いかと思いますが、いわゆる「死に筋」と言われる需要の少ないニッチマーケットに目を配っておくことも忘れてはなりません。ニッチも、決して小さな市場ではないし、将来大きな市場に育っていく可能性を秘めている場合もあります。

●最前線で働く社員

最前線で働く社員たちは、派遣社員を含め、営業部門であれ管理部門であれ製造部門であれ、会社業績の向上や担当職務の課題を率直に本音で話してくれ、「言いにくいこと」も言ってくれます。また、売上先や仕入先などと日常的に直接接していますから、売上先や仕入先担当者などから常に飾らぬ本音の話を聴いています。特に派遣社員は職歴豊富で競争相手で働いていた経験を持つ人もいますから、歯に衣着せず鋭い意見を言ってくれるケースもあります。現場に出向いて話を聴けば、社長室にいては決して聴けないような有益な情報を得ることができます。

若手でも下手な幹部を追い越すくらいの力量を持っていて将来の幹部になり得る人材がいることもありますし、自分の将来のことを真剣に考えている社員も多いですから、たまには酒酌み交しながら社長の夢を語ったり人生論をぶつけ合うのもよいかもしれません。そうすれば「現場」は大いに盛り上がり現場の「感度」は一層増してくることでしょう。

●仕入先

仕入先は先方から訪ねてきてくれることが多いかもしれませんが、億劫がらず社長のほうから訪問し仕入先の雰囲気を肌で感じることが大切です。

仕入先は自社と運命共同体（たくさん売れれば仕入先も潤うし逆なら衰退していく）ですから、最も信頼できる情報に満ちていると言っても過言ではありません。

同業者（仕入先の売先）動向、仕入先そのものが先行きの見通しをどのように考えどのような戦略・戦術を考えているのか、仕入先自身の仕入先の状況はどうか、直面する経営課題（悩みや問題点）は何か、など実に多くの情報を得ることができ、将来の需要変化を嗅ぎ取ることもできます。

また、経営状況を聴き出しておくことも大切です。景気が良いようなら売れ筋が多い、悪いようなら商材が市場に合致しなくなっている可能性があります。

持続する社業発展こそが社長に与えられた最も大切な役割ですから、この程度のことをするのは本来全く当たり前のことです。逆にしないほうが不思議なくらいです。

たとえば、

・朝から晩まで社長室にこもりきりでパソコンの中の数値や情報しか見ていない
・その部屋に来た者にしか会わない
・聴きたいことがあるとその担当者を呼びつける
・お客様や仕入先へもほとんど顔を出さず来社した先としか話をしない

・仕入先とは接待されるときしか接点がない
・外出するときはいつも決まって、気心の知れた愛想のよいお客様や調子のよい社員がそろっている現場だけで、いわば自分自身のリフレッシュのために現場に出向く

こうしたタイプの社長は、子会社に派遣された大企業の天下りサラリーマン社長に多いようですが、オーナー社長にはこうした手抜きは許されません。どんなに忙しくてもうまく時間を割いて定期的に「現場」へ出向くことです。

せっかく現場に出向き最前線の生の声を聞いても、自分の限られた成功体験に妙な自信を持ち誇り高く、「まあそれはできないな、我慢してくれ」と貴重な意見を聞き流して放置したり、自分の考え方と異なる情報や意見に対しては深く吟味もせず「まあ指示どおりやっておいてくれ」とその場で否定し排除してしまうような社長がいます。しかし、これでは何のために「現場」に行ったか分かりませんし、そうしたことばかりやっていると、そのうち「現場」の本音の話は聞けなくなります。

社員の生の声は「会社を良くしよう」という率直な意見具申そのものですし、お客様（売上先）や仕入先の声はトップラインに直結する重要さを持ちますから、ひとまずは素直な気持ちで謙虚に聴き入れ受け止め、その後その情報に基づいてどのようにしていくかじっくりと考えればよいのです。

「現場」には間違いなく現在および将来のすべての解があるのですが、自社の経営戦略や戦術についてさらに思考を深めるためには、同業者から学ぶことが重要です。「現場」から学び、同業者から学べば、経営課題もその解決策も必ず発見できます。

しかし、それでもなお悩み尽きず心配で藁にもすがりたい気持ちの時は、顧問会計士・税理士・弁護士、取引金融機関、実績ある（定評ある）コンサルタントなどにアドバイスを求めることになります。しかし、症状は似ていたとしても経営課題はすべて個別企業の固有の問題でその解決策もすべて異なりますから、アドバイスを得たとしても同じ手を打てば必ずうまく解決する、というようなことはまずありません。

結局すべての悩みは自分（自社）で解決するほかありません。どんな立派なアドバイスや情報が得られても、自社で料理し血肉とすることができなければ何も解決しません。

(3)「悪い種が植えられる」好調の時にこそ現場を重視

優れた社長は、特に業績好調の時に現場を重視しています。今調子が良いからといってそれが永遠に続くことは決してありません。好調の時にこそ現場を重視しそこから好調の要因を探ることが大切です。

好調の時に得た現場情報は不調の時に役立ちますし、それよりなにより、調子の良い時には必ず油断や理由なき驕る心持も生じやすく「悪い種が植えられる」危険が高まってきます。危機にある時よりはむしろ調子の良い時にこそなお一層「現場」を重視し、潜在している将来リスクを発見して先手を打ちリスク回避し、繁栄と成長を維持するよう留意しなければなりません。

業績好調な社長にお会いして共通して感じるのは「ゆるぎない自信」です。そしてその「ゆるぎない自信」が次の飛躍へのエネルギー源になっています。これは、社長の「強い信念」の心強い支えになりますから、事業の継続的な繁栄や成長にとって極めて重要なことです。

しかし問題は、業績好調が続くようになると、往々にして「ゆるぎない自信」が次第に「驕《おご》る」気分に変化していくことです。「驕る」気持ちが大きくなってくればくるほど「油断」が生じ、経営の脇が甘くなってきます。苦労している時なら見逃さないような微妙な変化の予兆を見逃して先々への備えを怠ったり、唯我独尊となって現場の声に耳を傾けなくなったりします。経費に冗費が生じて経費率が徐々に上昇してきたり、「驕る」社長の姿を見て社員の気持ちが緩んで規律が乱れてきたりします。

すると、その隙を競争相手は見逃さず知らないうちに力をつけてきたりして、比較的短期間で業績は悪化してきます。

このように、調子の良い時には必ず油断や理由なき驕る心持も生じやすく「悪い種が植えられる」危険が高まってきますから、調子のよい時にこそなお一層自らを戒め、同時に

「現場」を重視してその声に耳を傾け、潜在している将来リスクの予兆を感じ取り、先手を打ってリスクの芽を摘み取り繁栄と成長をゆるぎないものにするよう留意しなければなりません。

閑話休題⑥

●順境にあるときの心得

新渡戸稲造の「修養」（タチバナ出版）は、人の生き方を考える上で大いに役立ち参考になる書ですが、その中の「順境にあるときの心得」に、順境の時（調子のよい時）には、「逆境にあるぞ…」と覚悟していた時よりもかえって不幸に陥ることがままあるとし、順境には少なくとも「傲慢になりやすい、職業を怠りやすい、恩を忘れやすい、不平家となりやすい、調子に乗りやすい」の5つの危険がその背後に潜んでいると説きます。

人間は弱い存在ですから、多くの人は「順境（調子のよい時）」に有頂天になって、苦境の時に厭わなかった努力や次への備えを怠り自分自身で墓穴を掘り陥穽にはまってしまいます。

名経営者はこれを乗り越えなくてはなりません。

好調の時にこそ自戒し脇をしっかりと締め、事業経営にほころびが生じないようにしなければなりません。

繁栄と成長を継続するには「ほっとする」間もありません。むしろ好調の継続は新たな緊張や責務の増加を意味し、なお一層の謙虚さや勤勉が求められるのだと考えるべきでしょう。同書も「…一段の名誉を得れば、これに伴う責任が増し、二段上がれば二段増し、上がれば上がるほど、ますますそれに伴う責任が重くなる…」と説きます。

第六策

「傾聴と会話」が行き届き人材活用に長けている

▼ポイント▲

①社内では「厳しい」と評判でも、社外には人当たりがよく話し上手で聴き上手でもあり実に魅力的。
②繁栄し成長すればするほど「裸の王様」になるリスクが高まることを承知しており、注意深く真剣に周囲の声に耳を傾ける努力をしている。
③職場は会話が飛び交い活気に溢れている。
④会社内に傾聴と会話の雰囲気を行き渡らせるために、社員に「常に考えながら仕事をする」習慣をつけさせ問題意識をもって仕事をさせるよう導いている。
⑤社員一人ひとりの個性を生かし思う存分働ける職場環境を作り、社員が納得のいく評価（信賞必罰、実績重視…）、適材適所に心がけ「人材活用」に長けている。

(1)「話し上手・聴き上手」

社長はお人よしでは勤まりません。

優しさで社内から慕われるような名社長にお目にかかったことはありません。社内では鬼のように恐れられていたり「厳しい」と評判のケースが大半です。この厳しい事業環境にあって、社長はお人よしとか優しさの対極にいなければ、リーダーとしてその力量を存分に発揮し会社を牽引し繁栄させ成長させていくことはできません。

目標を明確に示し、目標達成のための戦略や戦術を率先して練り、目標に届かなければ叱咤し、先頭に立って社員を一つの方向に引っ張っていくことが社長の役割です。ですから社内で極めて厳しい顔を見せるのはごく当たり前ですし、他社との競争の中でさらに抜きんでようとする限り社員に対して厳しいのは当然のことです。

しかし､厳しいと恐れられていてもなお名社長は社内で慕われ尊敬されているのですが､それは、社長が常に最前線の現場を重視し社員の声に真剣に耳を傾け決断がすばやく統率力があり先頭に立って活動し、さらに行く先を示し会社に繁栄や成長をもたらしてきている実績があるからです。

さて、このように社内で鬼と恐れられ「厳しい」と評判の社長も、名社長であればあるほど外部に対しては人当たりが良く話し上手であると同時に実に聴き上手、という共通の特徴を持ち、「話す」と「聴く」のバランスのとり方が絶妙にうまく、話していて気分がよくなるような人が多いのです。もちろん、一方的に自慢話をしてお仕舞いになってしまうような社長もいますが、優れた社長ほど、「相手を立てる」「相手を思いやる」気持ちが厚く、「話す」と「聴く」をうまくバランスさせています。

「話」が商売の評論家や「聴く」が商売のインタビュアーと違って、ビジネスの場では、一方的に自分の得意分野や持論を話したり質問ばかりするのではなく、常に相手を立て相手の気持ちを思いやる気持ちの中で会話を成立させることが大切です。

そして、「実るほど首（こうべ）の下がる稲穂かな」（The boughs that bear most hang lowest.）という言葉どおり、筆者の知る限り、繁栄し成長している企業のオーナー社長には、ふんぞり返るように偉そうな態度をとる人物はおらず、ほぼ例外なく腰が低く気さくで心を開き人間的な魅力に富んでいます。初めて会ったときから打ち解けて心が通い合うような感じになる社長が実に多いのです。

ですから、こうした社長の周りには自然に人が集まってきて、社外との接触頻度も高まり様々な情報も入りやすくなり、「プラスの循環」とでもいうような現象が起きます。

しかし、これは考えてみれば当然のことなのです。なぜなら、社外の人間から見て魅力を感じないような社長のいる会社であれば、知らず知らずのうちに社員も社長に似てきますから、社長も社員も次第に売上先のお客様や仕入先からも親しみを持たれず敬遠されてしまう可能性も高まります。

すべての社員は、外部と接するときには「会社の顔」になるわけですが、その中でも社長はその会社のトップであり「会社の顔」の代表者ですから、社員の誰よりも気さくでざっくばらんで魅力的で誰でも受け入れる度量の広さのあることが重要なわけです。社員もそれを見習います。

経済が右肩上がりの時代であれば、社長の能力や魅力などに関係なくすべての社長が一定の割合で成長の恩恵を受けます。しかし、現代のような国内市場縮小時代にあっては、「会社の顔」を代表する社長の「外部に対する好印象」は繁栄や成長の一つの重要な要素となるのです。

閑話休題⑦

●志（こころざし）は高く身は低く（心高身低）

心の内に秘めた信念は強く誰にも負けないほどであるが、それを実現するためにはあくまでも身を低くして謙虚にふるまいそれを果てしなく繰り返し信念を実現していく。一つのすがすがしい生き方を表しています。

「驕る平家は久しからず」――思い上がった振る舞いをする者は長く栄えることがない（英語では:Pride goes before destruction. ＝高慢は破滅に先立つ）。繁栄や成長、それによって得られた地位や財力を誇り思い上がり調子に乗っていればそのうち自滅の道を歩むことになる。分かってはいても、調子が良いとどうしても傲慢になりがちで、はやる気持ちを抑えられないものですが――繁栄と成長の時こそぐっとこらえて驕り高ぶらず謙虚になって次の一手を考えていくことが大切です。

志（こころざし）は高く身は低く（心高身低）。驕る気持ちを抑えたり、失意の中で何かに負けそうになったり挫けそうになったとき勇気づけられる言葉の一つです。

(2) 「裸の王様」にならない（聴く耳を持つ）

「セクショナリズム」「官僚主義」「事なかれ主義」――と言えば大企業病の典型症状ですが、この中でも特に厄介なのが「事なかれ主義」です。波風立てず大勢に従い強いものに巻かれ、自分の身の安全（出世）を最優先する、人事権を有する社長には絶対服従しイエスマンに徹するのです。

サラリーマン社会では、「会社のためにやった」と言いながら、実は、自分の地位を維持し、できればさらに上に行きたいと願うばかりで「サラリーマン根性むき出し」となりがちです。「会社がどうなる」ということより「自分がどうなる」ということのほうに関心が向き、言うべきことも言えず、人事権を持つ社長に対してひたすら従順（イエスマン）になってしまいます。

様々なメディアの報道を見ていると、オーナーでもないのにトップに就いたとたんに臆面もなくオーナー面し会社を半ば私物化するようなトップが跋扈《ばっこ》している会社が結構あるものだな、と感心しますが、これも同じような病気です。サラリーマン社長は、手にした人事権を自在に行使する快感が身に付いて何事に対しても「我を通す」ようになり、周りもイエスマンが揃っているので次第に自分を失いワンマンになっていきます。

能力や手腕のあるなしにかかわらず、あらゆる組織において、ひとたび「人事権」を有してしまった者は絶対的に強いわけです。こうして「大企業病」は快癒することなく組織内にがん細胞のように定着してしまうのですが、病巣の大小はあるにせよこうした会社は意外に多く、しかしよくもこうした会社が生き残っていけるものだと不思議でもありました感心もしてしまうのですが…。

もちろん、こうした問題はサラリーマン社長ばかりで発生する現象ではありません。むしろ中小企業のオーナー社長のほうがはるかにワンマンで「裸の王様」になりやすいし、現に「裸」になっているケースを多く目にします。オーナー社長の場合は、株主のチェックが入るわけでもなく、自分を評価する上司もおらず、定年制度があるわけでもなく、基本的に「自分がすべて」ですから独断的になりやすいわけです。

たとえば、金融機関は取引先オーナー社長から「社内には自分に直言できる人間がいないから是非とも直言できる人材を派遣してほしい」と頼まれることがあります。その要請を受けた派遣者は、会社の諸事情が分かってくると約束どおり折に触れ物申すことになります。はじめのうちこそ喜ばれるものの、社長にとって直言は耳に痛く、次第に鬱陶しくなり、ついにはいずれかが派遣元の金融機関へと「この派遣者（会社）とはやっていけない」と訴え、派遣打ち切りとなるケースが意外に多いのです。

誰とて、それがいかに良薬と分かっていても、直言や諫言《かんげん》は苦（にが）く心地よいものではありません。まして「自分がすべて」のオーナー社長であればなおさらです。

しかし、独断が命取りになるケースが多いわけです。

社長自身が「自分は聴く耳を持たなくなってきている」ということを自覚しているうちはまだ救われるのですが、自分の打つ手が次々にヒットして業績が上向いてくるようになると、「自信満々」となり周りの意見などにまったく耳を貸さなくなるようなことが起きやすくなります。

社長を補佐する立場にある役員や幹部も、「こうした問題があります」と言いたい場合でも、「さすがに社長は素晴らしい」とおだてたり「業績が良いのだから目くじら立てることもないだろう」「社長に任せておけば間違いはないから指示を待っていればよい」と波風立てず黙ってしまうようになります。

しかし、これを繰り返していれば繁栄や成長は比較的短期間で終わりを告げ、いずれ衰退していくことは間違いありません。

いくら才能があったとしても一人の人間の知恵や能力など知れたもので、社長も神ならぬ身であり常にかつ永遠に正しいことなどあり得ません。それに、社長の立場からすれば「職場において多様な社員一人ひとりの能力を全開させ、さらにその能力を成長させながら力を発揮してもらう」ことが最も望ましいのですから、異論を受け入れないようでは人材の生きた活用ができていないことにもなります。

社長は、良い情報だけでなく悪い情報も含めて速やかに報告される組織運営に心がけ「社長は怖いが何でも言いやすい」「何でも真剣に聴いてくれる」という自由闊達に意見が飛び交う社風にもっていくほうが繁栄や成長する必要条件を満たしている、ということになります。

つまり日常的に社員一人ひとりの能力をフルに発揮させ活躍してもらい社員の多様性を生かし切る経営を目指していけば、自ずから良い情報も悪い情報も入るはずで「裸の王様」にはならない（なりにくい）でしょう。

お追従や良い情報だけしか耳に入ってこないようなら、もう立派な「大企業病」（裸の王様）です。命取りになりかねません。すぐに治療すべきです。

(3) 会話が飛び交う「傾聴と会話」を重視する職場

様々な会社を訪問して感ずることですが、静かな職場より会話の飛び交うにぎやかな職場のほうが繁栄や成長の予感があります。現に、にぎやかな会社はほぼ例外なく繁栄しています。

もちろん、製造ライン上でいつも大声で議論しているようでは生産性は下がるでしょうし、来客相手の販売や大量な事務処理をこなす職場、電話応対専門部門など、社員同士の雑談はご法度で静かさが適している職場においては話は別ですが、会議や打ち合わせの場では多くの議論が飛び交うほうがよいわけです。

社内で会話が飛び交わない、目の前にいる同僚や部下とメールでやり取りするような静かな職場では、大半の社員が「昨日と同じことの繰り返しこそが最も大切だ」と考えている場合が多く、そうした会社では、上から指示あるまでは今までのやり方を決して変えず「変えないことこそが最重要」と考える社員が多く、変化への対応力や成長力が乏しくなります。

昨日と同じことを繰り返すことが最善である職場においては、会話はほとんど必要ありません。そういった静かな会社や職場では、伝えたいことがあれば顔を見ながら話ができるすぐ近くにいる同僚や部下に対してさえ「メール」で伝えるケースが多いのです。しかしメールで主要な会話や伝達が完了してしまうのであれば、必ずしもわざわざその職場に出勤してくる必要もないといえます。

社員は会社や職場にいるわけですから、必要な時にはいつでも集まり、他人の話に耳を傾け（傾聴）、また、自分もしっかりと主張（会話）する。こうした社員相互に会話し議論する過程で化学反応が起き良いアイデアも出るし、何よりもより自立した社員が育成され、一人ひとりの社員の質が向上し総和としてその会社や職場の力は強化されていきます。

会社の力（潜在力を含む）は、決して社長一人で決まるものではなく社員個々の能力の総和で決まります。社長の観点からすれば、「職場において多様な社員一人ひとりの能力を全開させ、さらにその能力を成長させながら力を発揮してもらい活躍してもらう」ことが最も望ましいのです。ですから一人ひとりの社員が活発に意見を出し合い会話が飛び交う会社や職場の方が力は強いわけです。

それに、意見が出るということは問題意識があるからで、問題意識の希薄な社員ばかりがそろっている会社より問題意識の高い社員の多い職場のほうが、当然ながら競争力が出てきます。社員相互が傾聴と会話を繰り返しざっくばらんに議論する空気や企業文化があれば、社員相互の連帯感や組織（会社）の一体感も増してくることになります。

最近では、誰もが忙しそうで声をかけずらく、勤務中誰とも会話しないで一日が終わってしまうような、社員相互の関係性が希薄な職場が多くなっていると言われています。

そうした職場で営業成績を上げる対策を探ったところ、「休憩時間に同僚との会話が活発であるほど職場全体の受注率が高まった」という結果になり、その要因に関して「集団で働くには連帯感や一体感が大切。仕事に関係ない会話や雑談が一人ひとりのモチベーションや仕事と向き合う積極性を高め、それが営業成績を押し上げる」とする分析もあります（日本経済新聞「無縁社員、職場で広がる」2012年9月3日）。

こうしたことから、一部の企業では「会議の後の軽い一杯」をルール化したり社員相互の飲み会費用の一部を補助するなど、社員間コミュニケーションの一層の向上を図る取組みをしているケースもあります。

変化が激しく先行きが見通しにくい現在の会社経営においては、議論ばかりしてボトムアップを期待するより、優れたトップダウンのほうが有効打になることも多いのですが、しかし、上司、同僚、部下、あらゆる関係性において「傾聴と会話」を重視し職場を活性化させ毎日毎日社員の能力を引き出し、その総力を結集できるボトムアップの空気を会社内に行き渡らせ、社員の多様性を企業活動に生かし切るようにしておかないと、長続きする企業の繁栄や成長はなかなか望めない時代になってきています。

(4)「考えながら仕事をする」習慣がある職場

たとえそれがどんな単純な作業であっても改善の余地はあるものです。

昨日までペンを右手においていたが右には書類や伝票がたまるので左側において使いや

すくした、様々な書類を種類ごとに色を変えた書類入れに分類した、ハンコを浸透印に変えた、ワードで作っていた資料をエクセルに変えて数値の扱いを効率化した、いつも残業している社員の課業分析をして合理的な応援体制を作って残業を減らしてあげた、多発するミスの原因を分析して防止の手を打った――など、なんでもどんな些細なことでもよいのです。

岐阜に本社のある未来工業はマスコミにもしばしば登場していますのでご存知の方も多いと思いますが、同社は、社員に常に考える習慣を植え付けるために、どんな提案でも封を切る前に中身を見ないで500円支給、いい提案なら最高3万円という「改善提案制度」を設けているそうです。

これにならって「毎日カイゼン運動」を展開し具体的に成果を上げた、300人規模のノンバンク経営を担っていた社長（サラリーマン社長ではありますが、多くのノンバンクが資産を減少させる中、在職5年間で資産を1・8倍、経常利益を2・5倍にした）は次のように話していました。

――私も未来工業に倣って『毎日カイゼン運動』をやってみました。もともと上司の指示があるまではひたすら昨日と同じことをやることが最善だと思っている従順な社員が大半でしたから、なかなかカイゼン提案が出てこないので困ったのですが、しかし繰り返しカイゼンの重要性を訴えてきたところ、半年ほど経つと「カイゼン」の機運が高まってきて全社員が参加するようになってきました。カイゼンの重要性を理解させるには多くの時間と忍耐が必要でしたが、繰り返しその趣旨を伝えてきた結果大半の社員が「カイゼン」することの意義を理解し、それに目覚め喜びと感ずるようになったのです。

そうすると、様々な提案が出てくるようになりました。たとえば、100円ショップで整理ファイルを買ってきて、重要書類は赤色のファイルに入れる、といった書類整理のルールを作るような簡単なものから、中には、取引先からデータを書類（紙）で受け取りインプットしていた作業を、インターネットを経由して電子データで受け取るよう変更しインプット要員を数人効率化したり、長年にわたって当たり前と思って実施してきた業務処理が法令の変更ですでに不要になっていたことが分かり、これを省略することで年間1000万円を超えるコスト削減が図れたなど、かなり会社に貢献するようなものも出てくるようになってきました。

さらに副次的な効果として、カイゼンに目覚め問題意識をもって職務に取り組む習慣ができてくると、社員相互の会話が活発になってきて、各部門に一体感が醸成されるようになってきました。

また、お客様の要望など（＝お客様ニーズが変化している予兆）に対しても、以前なら「うちではやっていません、ルールがありません」とこちら側の言い分を主張したり、ミスやトラブルの再発防止策を考えるに際してもその真の原因をとことん追求しなかったり、ということがありましたが、こうした習慣すら徐々に改善されていきました――いつも考えて仕事をしていれば様々な工夫が自ずから出てきますし、職場の会話もはずんできます。

「傾聴と会話」が社内の習慣となり、「考えながら仕事をする」習慣を身に付けた会社、それを強い意思をもって維持しようと先頭に立って努力し精力的に取り組んでいる社長。繁栄と成長には欠かせない重要なポイントの一つです。

(5)「人材活用」に長けている

社長が、社内に「傾聴と会話」を行き渡らせ「考えながら仕事をする」習慣を定着させるよう手を抜かず日々努力することで、社員は次第に自分の持てる力を存分に発揮しようと考え、会社は生き生きとした雰囲気になってきます。

もちろん、嘆かわしいことですが、どんな組織にも「何をやってもついてこない（ついてこれない）社員」がいるものですが、それとて我慢強くその方向へと持っていく努力をしていると、以前よりは少しはマシになってくるものです。何事においてもそうですが、社長が手綱を緩めず努力を続ければ次第に社長の思いに近づいてくることは間違いありませんから、途中でギブアップしないことが大切です。

こうして社員一人ひとりが個性を生かし思う存分働いてくれるようになってくると、次第に職場における一人ひとりの基本能力や実践的能力の多寡、得意技（強い職務分野）、能力の発揮度、個性や人柄（調和型なのか牽引役なのか一匹狼的なのか、管理タイプなのか営業タイプなのか、緻密か大雑把か、保守的や攻撃的か、アイデアマンか、等々）など社員の定性的な側面がより明確になってきます。これに数値的な実績評価（目標管理：期の初めに個人ごと目標値を決めその実績を評価）を加味すれば、おおむねその人物像が正確に把握できるようになってきます。

変わらないように見えても人の能力や性格は微妙に刻々と変化しています。経験年数を重ねるに従って熟練度が増してくる、逆にマンネリ化して成長がないといった職場における能力の発揮度合いだけでなく、社員に子供ができた、親の面倒を看るようになった、自宅を買った、妻が病気になった、など私的な生活環境の変化でも大きく変わります。

面接も合わせてこうした評価を半年単位で継続的にきっちり実施していけば、一人ひとりの社員評価（処遇等）や適材適所が、より公平に納得性が高く実施できるようになってきます。社員から見て、人事の公平性や納得性ほど重要なことはなく、ここのところがしっかりとしていればこそ、社長を信頼し誠実に働いていけるわけです。

社員の数が少なければこうした評価を社長が頭の中でできてしまいますが、そんな場合でも、やはり「人」にかかわることですからできるだけ継続的に記録に残し、より客観化して把握していくようにすべきです。

社員一人ひとりの評価が継続的に客観的になされていれば、特定の社員に目をかけすぎたり身内偏重になったりするリスクを回避でき、社員から見て納得性が得られやすい人事評価ができるようになります。

また、社長として人材の在庫状況を常時把握できていることになりますから、今何をしたいのか、今後どこを強化し伸ばしたいのか、など時々の様々な経営課題に対し、それを解決するためには誰を活用するのが最適か、どのような社員を組み合わせると力が発揮できるだろうか、ということがすぐ頭に浮かぶようになります。

もっとも、現実には、質・量ともに豊富に人材がいるわけではありませんから、何をやるにしてもいつも同一人物の名前が頭に浮かんできてしまうことが多く、そうなると「これも自分がやるしかないか」と社長自らが動かざるを得なくなってしまうケースが多くなってしまうのかもしれません。

しかし、何でも自分でやってしまえば社員はいつまでたっても社長に頼りきりになってしまい、会社の成長も鈍化する可能性があります。未知数の若手を起用したり既存分野のキーマンを思い切って新しい分野に投入するなど、できるだけ社員を生かして活用すれば全く新しい発見があるかもしれませんし人材育成にもつながります。

経営資源としての「ヒト」の重要性は語り尽くされていますが、厳しい時代になればなるほどその重要性は増してきますので、改めて、社員一人ひとりの個性を生かし思う存分働ける環境を整備し、社員が納得のいく評価（信賞必罰、実績重視）、適材適所に徹し事業の繁栄と成長を図りたいものです。

閑話休題⑧

●人は石垣

甲陽軍鑑に、武田信玄の勝利の礎として「人は城、人は石垣、人は堀、情けは味方、仇は敵なり」とあります。つまり、勝敗は堅固な城ではなく人の力で決まる、ということを表現している言葉ですが、さて、この「人は石垣」という言葉から、古今東西の名だたる歴史的建造物（ピラミッド、サクサイワマン、ジッグラト…）や日本の城の城壁（石垣）を思い起こしていただきたいと思います。

どの構築物も、どれ一つとして同一形状（大きさ、形）の石を積み上げたものはなく、いずれも様々な形状の石を巧みに組み合わせ成り立っている、ということに気づきます。形の違う石を組み合わせることで重力を合理的に分散させたり集中させたりして強固にし、それによって何百年、何千年という長期間の風雪や地殻変動に耐え得る構造物を構築しているわけです。

実は人材も「石垣」と同様、適材適所、能力を含めて個性豊かな多様な人材をうまく組み合わせてチームワークさせることこそが、その組織をより強いものにする秘訣です。

依然として社員が暗黙のうちに承知している「学閥」や「派閥」が残る大企業もあるようですが、学閥や派閥、すなわちレッテル（表紙）に頼る類似性（同質性）のリスクは、実力がない者ほどその蔓（つる）に頼る傾向が強いため、そうした人間の一部が枢要ポストに就く可能性が高まり、それが再生産されてその分組織が弱くなることです。

競争が厳しくかつ変化の多い時代を乗り切るには、古代遺跡の石組みに見られるような、それぞれの持ち味を生かした多様性に富む人材の活用が欠かせません。

第七策　同業者を良く学んでいる

▼ポイント▲

①繁栄している同業他社を良く研究しそこから多くのことを学ぶ。

②タイムリーに目標とする同業者を選び出し当該会社の現況をつぶさに見たり、その社長や幹部に会って自社の状況を説明しながら求めている情報を収集する。

③ベンチマークは自社の戦略や戦術を深く考察するための一つの方法論に過ぎない、ということを認識する。

(1)成長し繁栄している同業者から学ぶ(ベンチマーク)

常日頃から自社の強みと弱みを知ることは繁栄と成長の第一歩ですから、同業者と比較してより客観的に自社を知ることが重要です。

特に、自社の成長を図る上で、シェアを拡大し成長している同業者、繁栄している同業者をより深く理解することは不可欠で、競争相手がどのような事業活動をしているのか、経営内容や財務内容はどうなのか、これを知り自社の不足を補い他社を凌駕する戦略を打ち出しシェアを拡大する。様々な観点から競争相手を分析し、それと比較して自社は何が優れているのか、何が劣っているのか、重点的に取り組んでいる分野や商品にはどんな差があるのか、社員の年齢構造や処遇はどうしているのか、特に自社で問題点や課題と考えている事項について重点的に情報を収集し、繁栄や成長のために次に打つべき手を深く考察します。

孫子の兵法にあるとおり、「彼(かれ)を知り己を知れば百戦殆(あやう)からず」(敵を知り己を知れば何度戦っても負けることはない)です。ビジネスは常に競争相手とのシェアの奪い合いですから、競争相手の戦略や戦術を知らなければ、自社がシェアを拡大し繁栄し成長していくことはできません。

それに、成功者は他の成功者と成功情報を共有しますので成功の速度を上げていきます。つまり成功者の間では成功に関する各社の情報やノウハウが行き来きし相互にそれを活用し合って一層の成長を図っているケースが多いのです。これを「成功事例の横展開」とでも呼んでいいと思いますが、それがまた別の成功を目指す社長の知るところとなりさらに情報量が増加していきます。この結果成功者やその仲間はますます成功のスピードを上げていく可能性が高くなっていきます。

もちろん市場が縮小する中で成功者はそう多くは必要ありませんから、成功者相互におけるこうした好循環が永遠に続くことはありませんが、繁栄し成長している同業者と知り合い、情報交換し情報共有することは自社にとって必ずプラスに作用します。このことは、「複雑な世界、単純な法則」（マーク・ブキャナン、阪本芳久訳、草思社）に詳しく、中核的ネットワークに情報が一層集中していく仕組みや富が集中したり金持ちがますます金持ちになり著名人がますます著名人になっていく法則（理由）を分かりやすく解説していきます。

あるコンサルタント会社では、全国各地域で成功している同業のクライアントを定期的に集合させて研修会を開き、同時に同業者間の情報交換の場を提供しています。そこでは、各地域で「一番」となっている参加企業各社（クライアント）が、それぞれの成功体験を語り、その成功の手法が参加する多くの他のクライアントに一瞬にして伝播し相乗効果を生んでいます。参加企業が多いため、攻守にわたる成功事例も数が多く、成功者がさらに強くなり成長していく姿を見ることができます。

自社独自で他社から学ぶには実際には手間もかかりますから、このような場を活用する方法もあります。

他社から学ぶことは「後追い」と等しいから独自性を発揮できない、だからベンチマークはしない、という社長がいます。しかし、他社を学び優れている点は吸収し、自社の強みをさらに強化していくことで初めて自社の独自性が出せることにもなります。しかも、同業者を学んでいなければ、一人、時流に取り残されてしまうこともあります。

だから「同業者から学ぶ」必要があるのです。

次第に周囲の同業者より一歩前進し参考にされるべき優良企業になりつつある場合には、他社から学ぶべきものが次第に少なくなってきます。しかし、事業に栄枯盛衰はつきものですし変化が激しい時代ですから、突然新興企業が舞台に躍り出ることもあります。

常に業界動向に敏感であり続け、気になる同業者や企業があればそこから学ぶべきです。同業他社から学ぶことを止めることは、成長を止めることに等しいと考えておいたほうがよいでしょう。

(2) ベンチマークのポイント（コツ）を良く知っている

当面の自社の目標（例えば売上規模の目標）を達成するためには、目標とする同業者を具体的に明確に設定してとことん調べておくべきです。

実際にその会社を調べるには次のような方法があります。

・事務所や工場や店舗に行って実際の様子を詳細に確かめる
・ホームページを見る
・同業者の定期的な集まりに出席して話を聞いてみる
・共通する売上先や仕入先から評判を聞いたり金融機関筋（守秘義務があってなかなか言ってくれないかもしれませんが）や業界新聞の記者から聞き出す

このような方法で、できるだけ多くの情報を入手します。

しかし、最も良いのは、当の社長に面談を申し入れて話を聴くことです。

業界団体などの集まりで直接話したり共通の仕入先の社長から紹介してもらいます。なかなかきっかけがつかめないような場合には、金融機関に相談して橋渡し（ビジネスマッチングは金融機関が提供する重要なサービスの一つ）をお願いします。

成功社長はオープンマインドの人物が多いですから、特に主要な売上対象市場が異なり大きな競合がない遠隔地の同業者であれば、受け入れてくれるケースが多いようです。

当の社長に会う場合には、たとえば、

・重要な経営数値（売上高・売上総利益の推移、経費率やＢＳ構造…）
・何を重視して何に注力しているのか（経営課題や経営戦略）
・将来見通しや投資計画

・競合先の動向
・社員の年齢構成、社員教育の状況
・組織や社内規則
・経営者の補佐役はどんな人材か

など現在の自社の経営課題に関連した重要性の高い項目に関し、自社の状況を伝えながらヒアリングし相手から学びます。

できれば、定期的に会って時系列で情報交換します。

繰り返すことで、自社の弱点、強化すべきポイントがより明らかになってきますし、強みも明確になってきます。また、こうした情報交換は、必ず相互に得るものもあるはずです。

⑶ベンチマークの限界を承知している

成功している同業者から学ぶことは実に多いのですが、当然のことですが、企業にはそれぞれ独自の歴史があり立地も財務内容も人材構成も、すべてが異なり似て非なるものですから、ベンチマークは自社の戦略や戦術を深く考察するための一つの方法論に過ぎません。

相手を理解した上で、それではこれに対して自社はどう対処すべきなのかについて、独自の戦略戦術を考えることが重要です。

たとえば、大企業における業界競争を見ると、有力な一社がある製品に傾注し始めると他社も一斉に同じ製品に力点を置き始める。他社がある方向に動けば負けじと自社も同じ方向へ動きます。

大企業の場合には、同業者間の業界団体などがしっかりとしていて、競争相手であってもお互いに常時他社動向を知りうる立場にあるケースがほとんどですから、最新技術や新商品開発等の極秘事項を除けば、組織の至るところに競合他社の情報が溢れかえるほど存在しています。その結果、大企業は常に、他社情報に引っ張られ過ぎて自社における真剣な議論なしに「他社がやっているからうちもやらなければまずい、競争に負ける」と横並び意識で簡単に物事を決めるリスクにさらされやすくなります。

時には、結論を急ぐあまり自社内における白熱した議論の前に、「同業最有力企業の選択こそは正しいだろう」と決め込んで同種の選択をして同じ方向に向かう意思決定するケースもあります。社内に反論があると「A社がやっているのになぜそれに取り組まないのか。ついていかなければうちは必ず負ける」というような表面的理由で議論が打ち止めになってしまうことすらあります。

自社内における思考を停止し「他社がやっている」という理由で社内議論をまとめていく方法は、皆が公平に市場拡大の恩恵を受けることのできた高度経済成長期なら、ある面で最も合理的な意思決定方法だったとも言えます。しかし市場縮小の時代にあっては、自社の強み弱みなど独自性を無視し横並び意識を優先して選択した戦略や戦術は大半の場合失敗し、半導体や大画面テレビの場合に見られるように「業界総崩れ」になるようなことも起きてしまうのです。

こうした間違いを回避するには、言うまでもなく、他社を調べた上でなお他社とは一味違った自社独自の戦略・戦術を練ることです。

第八策 「強い信念」がツキを呼び込んでいる

▼ポイント▲

①より強く大きな「信念」を持ち続け努力（実践）し、時に「ツキ」を呼び込む。

②体も頭脳も活発に働かせ動かして人並ならぬ努力を払って事業に関する情報量を豊富にし、しっかりと充実した内容の濃い「現状を正確に分析し理解する深い洞察力」「現実を正確に見つめる目」を持ち、その結果として「将来への明確なビジョン」を持ち「変化への柔軟な対応力」に優れている。

③自分の言葉で、自分の論理展開で、当該事業年度の方針とその背景にある自分の思い、事業展開や目標値の骨格、社員へのメッセージ（指示）、将来の予想、将来の夢を語る。

④物事を的確に理解し「決断（判断）」が早い。

(1)「強い信念」がツキを呼び込む

社長が組織の長として社員から最も期待されている資質は「強い信念」の持ち主である、ということです。

たとえば次のようなことです。

- ・右顧左眄《うこさべん》することなく思い(目標、決心、夢)を貫いていく強い意志を持ち続けている
- ・凡人では立ち向かえないと思われる大きな困難や課題に対し果敢に取り組む力強さ
- ・何回失敗しても作戦を変えながら何度でも挑戦(チャレンジ)し、結果が出るまで、また出てからも常に目標(夢)に向かって努力を怠らず挑戦し続ける
- ・長い期間業績が冴えず心がくじけそうな状況が続いても「雲の後ろに太陽がある」(Every cloud has a silver lining.)と信じ、努力して夢を追い続け実現するまで決して諦めない
- ・何度打ちのめされても諦めず立ち上がって戦い続ける不撓不屈の情熱と精神力
- ・たとえ失敗してもそれは次に成功するための糧と考え負け犬根性にならない、何物にも絶対に負けない強さ
- ・重要なことに関しては決して長いものには巻かれない、行き詰っている時もその場の空気に流されて安易な妥協をしない
- ・役割に対しいつも変わらぬ情熱で取組み人並外れた根気強さがある…

社長は自分自身の資産や家族はもとより社員とその家族を守らなければなりませんか

ら、社内の誰よりも多くの時間を会社経営の現状と先行きについて考えを巡らしていなければならない立場にあります。これはサラリーマン社長もオーナー社長も同様です。

しかし、サラリーマン社長と比較すれば、オーナー社長はそこに人生のすべてがかかっていますから自分の事業に注ぎ込む情熱は並外れて大きく、サラリーマン社長は足元にも及びません。もちろんサラリーマン社長の中にも、金融機関からの借入に個人保証するなど命がけで経営に取り組んでいる立派な社長もいますが、それでもサラリーマン社長は駅伝のように任期が決まっているので、どんな事業状況にあろうが一定の年齢に達すれば社内ルールに従って必ず後進にその道を譲りバトンを引き渡します。

一方オーナー社長はゴールのないマラソン、しかもボストンマラソンのように折返し地点はなく、常に新しい景色と遭遇していくエンドレスのレースです。事業が自分の人生のすべてでありすべての最終責任者ですから、死ぬまでレースの「終わり」がありません。ですから余計に「強い信念」を持ち続けることが大切になります。

ところで、繁栄し成長を続ける社長の話を聴いていると、物事に対して「強い信念」を持ち続け努力し実践していると「ツキ」を呼び込むことがあることが分かります。

実現したいと強く思い、失敗を繰り返してもその原因を究明し次の手を考え負けずに戦い続けて光明を見出そうとしている、あることについてずっと知りたいと願って情報を集め続ける、何事かなさんとある目標に向けてコツコツと努力を継続していくなど、ひたすら追い求め続けていると、普通なら見落としてしまうようなこと、聞き逃してしまうようなことをきっちりと捉えチャンスをものにすることが多く、「あ！」と思えるアイデアに巡り合ったり思い付いたりする。向こうからチャンスが訪れてくる。

目標に向かって倦《あぐ》むことなくひたすら努力し続け思い込み続けていると、実際にそれが実現することが多いと言うのです。

しかし考えてみれば、これは当然なことで不思議なことでもなんでもありません。つまり、自分が常に強く思い考え努力し情報やチャンスを求め続けていれば、あふれかえる情報や隠れているチャンスの中にそれを見つけ出す可能性は高まり、関連するヒントや新しい打開策や発想の糸口を発見する可能性も高まります。あたかも何かの化学反応のように、常に考え努力しているとその情報やチャンスに巡り合った瞬間に「…あ、これだ」と脳や体が反応することもあります。

また、同業者や信頼を置いている様々な人々との関係を大切にして日頃から自分の考えていることを話し伝えていると、「確かあの人はこのような情報を欲しがっていた」というようなことで、ある日突然、先方から思わぬ情報が入ってくることもあります。

目標を立ててそれに向かって不断の努力を積み重ね、途中で諦めなければいつかきっとそれが実現するのです。

「強い信念」を持ち、目標や夢の実現に向けてたゆまぬ努力・実践を積み重ね続ける――大事を成し遂げる前提です。

閑話休題⑨

●求め続けなさい、謙虚であり続けなさい

アップル社を創業し、iphoneやiPadを成功させた現代の発明王・故スティーブジョブズ氏は、２００５年6月12日スタンフォード大学卒業式のスピーチの最後に『Stay hungry, Stay foolish』(「求め続けなさい、謙虚であり続けなさい」:筆者訳）という言葉を卒業生に贈っています。

同氏は、多くの失敗を繰り返しつつも常に、自分自身にも社員にも『あるべき姿』を厳格に、求め続け能力ギリギリまで要求したと言われています。

(2)情報量が豊富で「現実を正確に分析し理解」し「変化への柔軟な対応力」を有する

「強い信念」を持つ社長に会うと、その年齢・学歴・職歴等に関係なくその人から不思議な人間的魅力を感じることが多いのですが、それはこうした「強い信念」の持ち主には必ずしっかりと充実した内容の濃い「裏付け」があるからです（裏付けがないような「信念」なら単なる「頑固者」とか「偏屈」とか「夢想家」に過ぎません）。

その「裏付け」とは、豊富な情報量を背景にした「現状を正確に分析し理解する深い洞察力」です。「現実を正確に見つめる目」と言ってもよいでしょう。

自社の事業について、その強みも弱点もすべての現況を常に正確に把握し、その上で経営が抱えている課題や問題点を正確に理解し、その課題や問題に対し次にどのような手を打つべきか常に深く考えているのです。

経営は生命体と同様、毎秒、毎分、毎時間、時の経過とともにわずかずつ変化し続けていますが、その変化する事業の現実を常にできる限り正確にかつ詳細に自分自身で把握しています。

既に、第五策「現場」重視、第六策「傾聴と会話」、第七策「同業者を学ぶ」でも見てきたように、繁栄と成長を持続する社長は、経営の隅々まで理解すべく最大努力していきます。体も頭脳も活発に働かせ動かし、人並ならぬ努力をしています。分かりやすく言えばとびっきりの「働き者」です。

・損益状況や財政（資金繰り）状況等主要な経営数値とその推移
・経済の動向、自社を取り巻く経営環境、市場動向
・お客様（納入先・売上先）のニーズの変化・仕入先の状況、競争相手の状況

・それぞれの部門が抱える課題や問題点
・社員の状況（主要役職のモチベーション状況、健康状態…）
・最前線の現場の不平や不満の状況、新入社員の育成状況、高齢社員の退職後の心配ごとなど
・改善の種の宝庫であるミスやお客様クレーム・トラブルの内容や状況
・優良同業者と比較した場合の強み弱みの状況

等々、事業全体の現況をできる限り細部にまでわたって正確に知っていること、あるいは知るために最大限努力していること、自社の経営に役立つ様々な外部の有益な情報に敏感であり貪欲であること。

体も頭脳も活発に働かせ動かし、人並ならぬ努力をして得られた豊富な情報量が「強い信念」を支えています。

そして、その結果として、社長に求められる重要な資質である「将来への明確なビジョン」を持ち「変化への柔軟な対応力」をしっかりと身に付けています。常に次の一手（戦略、戦術）を着々と構想し柔軟に時代の変化に適応していく力が「強い信念」を担保しているる最も重要なカギとなっているのです。

大企業の社長であれば、企画部門を中核にして社内の各部門にそうした役割を担わせて現況の全体像をできる限り詳しく把握させ、異常が発生すれば速やかに報告される組織対

応がなされているケースが多いので、情報は待っていれば自動的に入ってきます。

しかし、大企業といえどもやはり社長自身ができる限り細部にわたって現況を把握しておくべきです。なぜなら、組織対応がしっかりとできているはずの大企業においてさえ、必ずしもその組織機能が十分に働いていないことも多く、正確にかつ速やかに現状把握できるとは限らないからです。例えば、社長の周りにイエスマンしかいない場合もありますし、そもそも本音の出にくい官僚的で事なかれ主義の企業風土であれば問題の発信そのものが極めて稀にしか発生しません。自由闊達な企業風土であっても組織の作りが悪くどこかで情報が詰まってしまうこともありますし、学閥や派閥の力学により情報が微妙に脚色されるなど、様々なケースも考えられます。

大企業においてさえそうなのですから、特にオーナー社長は、仮に信頼できる補佐役がいる場合であっても任せ切り（任せすぎ）にすべきではありません。

企業規模の大小を問わず、ともかく社長は事業全体の現況をより詳細に知るために労を惜しまず自身の全知全能を使って全力で常時とどまることなく動き回り事業全体を詳細に理解しておくべきです。「木を見て森を見ず」という言葉がありますが、事業経営においてこの言葉は通用しません。個々の「木」を熟知しておかなければ、決して「森」の姿を見ることはできません。それが事業経営です。

細部にまで踏み込めば踏み込むほど事業の全体像が明らかになってきます。こうして得られた豊富な情報量こそが「強い信念」を支える裏付けとなります。
その結果として、将来ビジョンがより鮮明になり「変化へと柔軟に対応できる力」が着実に身に付いていきます。

閑話休題⑩

●適者生存――変化に対応（適応）できた者が生き残る

強いから生き残るのではなく、環境の変化に柔軟に対応し偶然の巡り合わせも味方につけて生き残る――「適者生存」はダーウィンの「種の起源」に詳しいのですが、経済社会でも似たようなことが言えます。

第四策で「信用」の重要性を申し上げる際、「「200年企業」は常に社会を意識し、それが顧客本位の経営姿勢につながっている。そこから得た顧客からの信頼が事業を支えていく好循環を生み出している」という話を引用しましたが、この文中の「常に社会を意識し」は、「常に時代（社会）の変化に柔軟に対応し」と読み替えることができます。

長期間にわたって企業経営を継続するためには、現状を正確に把握し常に革新して（変化させて）いく努力が欠かせません。

時代と適合していく革新（変化・変身）の連続こそが長寿の秘訣と言えます。

(3) 自分の言葉でまとめる

社長は常に、新しく始まる事業年度の想定される事業環境の様相、取り組むべき主要課題の設定、数値目標の水準のイメージ、社員に指示する職務への取組姿勢等々を熟慮し、重要課題の設定や全社の幹部会議の訓示や方針説明の内容を常日頃から練り「頭の中で論理的に組み立てておく」必要があります。社長は「自分自身の頭の中で論理を積み上げ展開し、そこに矛盾や齟齬《そご》や欠落や飛躍がないか注意深く確認する作業」をしなければなりません。そして、それを自分自身で文章化（箇条書きでもかまいません）することが大切です。

文章化すると、論理が矛盾していたり体系化できていない点や漏れていたりバランスの悪い事柄などが頭の中で考えていた時より一層明らかになってきますし、後刻の振り返りの際（あの頃はどんな目標に向かっていたのだろうか、など）にも大いに役立ちます。それに、文章化しておかないと前回何を言ったのか意外と忘れてしまい、毎回進歩のない同じようなことを繰り返し話したり前回と大きく矛盾するようなことを平気で話してしまうようなこともあります。

毎日の職務に追われ多忙であっても、誰かに任せるのではなく社長として自分の経営方針を考え文章化し自分の言葉で語ることをしなければ、持続する繁栄や成長はなかなか望めません。

年齢や経験年数に関係なく名社長は、自分の言葉で、自分の論理展開で、当該事業年度の方針とその背景にある自分の思い、事業展開や目標値の骨格、社員へのメッセージ（指示等）、将来の予想、将来の夢を語ります。だから社員の心を引き付けるのです。

社長が発する言葉には、必ず社長自身の「価値観」「哲学」「経営理念」「人生観」といったことも表現されることになりますから、社員は、社長の発する言葉から、単に「これからこの会社はどうなっていくのだろう」ということを知るだけでなく「社長はどんなものの考え方をし、どんな価値観を持って人生を生きているのだろうか、信頼に値する人物なのだろうか」ということにも大いに関心を持っています。社員は社長の肉声を常に待っています。

企業規模が大きくなると、社長を補佐する企画部門がしっかりとしてきて社長の「発言原稿」を事前に準備するようになります。本来であれば社長自身が取りまとめ社長自身の言葉で語るべき期初経営方針とか中期経営計画の基本方針や、経営の根幹にかかわることまでも企画部門が原稿を準備し、社長はそれに少し手を加えて棒読みするようなケースが多くなります。

また、系列の親会社から天下ってきて子会社の社長の席に座るような場合も、多くの社長は、はじめから「第二の職場だから平穏無事にやればよい」と、期の初めの重要な会議の時でさえ原稿も準備せずその都度思い付いたことを適当に話しているだけ、といったケースが多くなります。

いくらサラリーマン社長でも、これは行き過ぎのように感じますが、オーナー社長には、こうした手抜きは決して許されません。

⑷決断（判断）が早い

部下から見て、様々な日常業務において結論を出せず優柔不断で決断できない、判断できない社長ほど困るものはありません。

役員や部下からは日々様々な案件について相談があり、判断し決断し決めなければならないことは山ほどあるわけですから、「決断（判断）を待っている」書類が山のように積まれているようでは困ります。

「社長は流通業者だ」と喝破した社長に会ったことがありますが、要は、決裁を待っている書類や相談に対しては、ともかく一刻の猶予もなく素早く決めて「在庫」を持たない、ということです。できるだけ早く決断することが重要です。もちろん、経営に拙速は許されませんから、素早い決断も拙（つたな）いレベルで行われるのであれば避けなければなりません。熟慮すべき事案については自分の手のうちで握りこまないで「この点をもう少し調査して〇日までに再報告してくれ」とコメントをつけて部下に素早く次の作業に入らせることも大切です。

しかし大概の問題は期限が差し迫っていたり一定の時間内に結論を出さなければならないのですから、熟慮するにしてもできるだけ短時間で結論を出すことになります。一瞬の決断の遅れが競争上不利となるケースもあります。お客様とのトラブルを解決する場合などでは、対応の遅れがさらに問題をこじらせることもあります。もちろんごく稀に、あれやこれやと思い悩んでいるうちに時が過ぎ、結果として「現状維持」していたことそのものが幸いすることもありますが、こうしたケースはあまりありません。

自社の商売の全体像が細部も含めて十分に分かってさえいれば、日常的判断などいとも簡単に済ませることができるはずです。日常的な業務に関する決断や判断は素早く行い、修正が必要ならすぐに修正すればよいのです。

●仮説・検証

もちろん、たとえば、将来に向かって新しい分野へ進出し売上増を図るため「新しい製造機械を導入する」ような場合には、関係する社員を総動員して投資対効果をとことん検討することになります。

攻めるべき新しい分野をいくつか抽出しそれぞれに関して「仮説」を立て必要な機械設備内容や投資額や必要な人材・スキル等を総合的に比較検討し、そのうちで最も投資対効果が高く成功確率の高そうな「仮説」を選択します。

投資後は、その投資が当初の予定どおりうまく効果を上げているか「検証」します。「検証」段階では既に投資が完結してしまっていますから、後戻りできないケースもありますが、「検証」を厳密に実施することで、「仮説」の正しさや誤りが明確になってきますから、必要な軌道修正を速やかに実施することができます。

重要なことは、事業経営において比較的大きな意思決定（決断）をするときは必ず、

①適切にいくつかの「仮説」を立てる

②その中から最も効率的で成功確率の高い「仮説」を選択する

③実行に移った後必ず選択した「仮説」の正しさ、確からしさを「検証」する

④修正が必要なら間髪をいれず速やかに改善する

これを繰り返すことです。

なお、慎重を期すため、最初から完成形に持っていくのではなく、「小さく産んで大きく育てる」、つまり何回かのフェーズに分けてステップを踏んで投資し完全な完成形に持っていく、という考え方も重要です。

●権限委譲と組織階層重視はほどほどに

名社長と呼ばれる人は大概ワンマンで、事業経営の隅々まで目を光らせ、どんな些細な

ことでも自分の知らないところで起こっていることなど一切ない、というくらい良く動き回り耳を傾けアンテナ高く張っています。そして、権限を自分に集中させ、素早く決断します。

時々「社員を育成するため」と称して、たとえば「売上目標値」の設定を部下に任せる、お客様からのクレーム対応は役員にすべて任せて後日主だったものだけを報告させるなど、比較的重要な事項の決定（判断）権限を部下に与えているケースを目にすることがあります。

しかし、日常的業務における細部の判断に関しての権限委譲は別にして、事業経営の根幹に関する重要事項の権限委譲やクレーム等を全量報告しなくてもよい、とするようなルール設定は決して良い選択とはいえません。繁栄と成長を持続させるためには、やはり社長自身ができるだけ細かいところまで関わりこだわっていかなければなりません。

権限を委譲しなくても、決断や判断に当たって必ず社員の考え方や意見を聴く習慣を定着させれば、社員は育っていきます。また、そばで社長の決断や判断を見聞きしていれば社員は自然に育っていきます。

無理して権限委譲すれば、事業経営の根幹が次第に霞んできて、判断力も鈍ってきて、そして、次第に社長の役割が存分に果たせなくなっていきます。

また、ある程度の規模になると組織の形ができ、部長や担当役員を経由して様々な案件が相談されるようになります。判断を待つ書類も組織を経由して回付されてくるようになります。こうすれば、組織を経由しているから組織間のチェック機能も働き一見秩序立っているように見えます。

しかし、この場合の落とし穴は、部長や担当役員を経由する過程で時間が浪費されることです。社長に直接聴けば一発で済むようなことが、「この案で回して社長はなんと言うだろうか、社長はどう考えるだろうか」などと余分なことを配慮するようになり、その分無駄な時間がかかるようになります。もちろん、「ムダそうに見えることが社員教育だ」という社長もいるのですが、果たしてそうでしょうか？

時間を浪費しても大丈夫な安定経営であれば話は別ですが、昔ながらに組織階層を重視した意思決定のスタイルは、激しい競争の時代にはあまり似合わないでしょう。

現代は、組織があってもそれを重視し過ぎず、あえて組織を無視して臨機応変に社長が中に立ち入って社員達とざっくばらんに議論し会話して方向性を決めていく、即断即決していくという形態のほうが繁栄と成長を手にしやすい時代です。

おわりに——承継しにくい「経営の勘所」——

戦後創業した社長が息子などに事業承継する件数が増えてきています。

事業承継において最も深刻なケースは、後継の息子がいなかったり、いても既に別の道でうまくやっていて後を継ぐ気がない、娘婿に譲りたいが継ぐ意思がない、あるいは後継候補はいるもののその手腕に問題があるなど、後継者に恵まれず、結果として同業者に身売り（M&A）したり廃業を余儀なくされるようなケースです。

こうしたケースでは、現社長は「やれるだけやるしかない」と年齢を重ね健康を害するまで頑張り続けるのですが、いずれかの時点で苦労して築き上げた事業から退かざるを得ないことになり、その時は、社長一族のみならず従業員やその家族にまで影響が及びます。

その苦悩は察するに余りありますが、こうしたケースは決して少なくありません。

一方、良き後継者に恵まれ事業承継に関する株式譲渡に伴う節税対策などについても担当税理士や会計士あるいは金融機関とタイアップしている大手会計事務所などに相談して合理的に対処できているケースでも、「バトンを渡して、軌道に乗っている事業を今後将来へ向けしっかり持続させてくれるだろうか」「苦労を重ねて培ってきた実践的経営ノウハウ（経営手法や経営手腕）や昔からのお取引先との関係性をうまく引き継いでくれるだろうか」「社員とうまくやっていってくれるだろうか」「金融機関との関係はうまくいくだろうか」――様々な不安をお持ちの経営者が大半ではないかと思います。

筆者が創業オーナー社長（70歳前後の方が多い）のもとを訪問すると、多くの場合事業承継中の後継者（息子の場合が多い）を同席させ、その都度「創業期の苦労話や現在の事業の課題・問題点、その対処の仕方についての考え方、現状分析、将来への見通し、同業者の状況」などを断片的に語ります。

いわば金融機関の支店長や金融会社の社長をダシに2代目に様々なことを語り伝えているわけです。

親からすれば苦労を重ねてここまで来たわけですから息子の代のさらなる発展を願い、「これだけはぜひ息子に伝えておきたい」という経営の勘所とか経営の要諦があるのですが、親子2人で面と向かえば照れくささもあるし「いずれそのうち教えよう」と先送りし、結果的にうまく伝えきれていないケースが多くなってしまいます。

後継者の息子からすれば、心の底には「先代（親父）の創業期の苦労やそこから得た経営の知恵をぜひ教えてほしい」という強い思いがあると同時に、「時代も変わったし自分流の新しいやり方でやっていくんだ」という大いなる自負もあります。

こうしたことから、実は創業社長（現社長）は後継の社長となる息子に商売の要諦やこれだけは知っておいてもらいたいと考えている経営の勘所を伝え教え切れない状況で代替わりしてしまうケースが多い、というのが現実です。もちろん「家訓」や「経営理念」が文書化されそれが受け継がれていくケースや、稀に自分の思いを文書にして息子に渡している社長もいますが、短く要約された家訓や経営理念から汲み取るべき背景にある経営哲学やいくつかの忘れてはならないエピソードとか苦労話などがうまく伝えきれず、どうしても、「後ろ姿で見せる」「その都度気付いたことをそれとなく話して悟らせる」という昔ながらのやり方になってしまうことが多くなってしまうわけです。

「事業承継実態調査報告書」（２０１2年3月　独立行政法人　中小企業基盤整備機構）によると、後継者が先代から事業を引き継ぐに当たって苦労した点の第一位に「経営力の発揮」（第二位は「金融機関からの借入」「取引先との関係の維持」が同率）が挙げられています。また、現社長から見て事業承継に当たって問題になりそうなことの第一位には「後継者を教育すること」（第二位は「取引先との関係を維持すること」、第三位は「金融機関との関係を維持すること」）が挙げられていますので、やはり経営ノウハウの承継が大きな課題であることがよく分かります。

もちろん、このことは何も中小企業オーナー経営者の事業承継に限って起きている問題ではありません。

大企業においても金融機関においても、支店長や部長や親会社から派遣されている子会社社長が替わればその支店や部門や子会社はすぐに大きな変化にさらされます。良い方向へ行く場合もありますし悪化することもありますが、一般的にいえば、実力派かつ好人物で好業績を残し評判の良かったあとに来る人間は大概業績を悪化させ維持することさえできないケースが大半です。それでもサラリーマンの場合は必ず転勤があり3~5年程度で後任にバトンを渡しますし、不適切ならすぐにでも替えることができますからリスクはある程度抑えることができます。

しかし、オーナー経営者の場合は、代わりの後継者が豊富にいるわけではありませんので話はそう簡単ではありません。ともかく何とかうまく継承してもらうしかありません。

創業社長（現社長）が2代目（後継社長）に伝えたいことは多岐にわたります。当然、家業（自社の商売）の種類や規模や歴史や財務内容や競争状況等によって大いに異なります。しかし、「社長」という役割の観点で見ますと、創業社長がいままでに直面した危機や実現してきた業績に対して払ってきた多くの努力と得てきた多くの経験やノウハウに基づく、繁栄し成長するために社長として心得ておかなければならない重要な「経営の勘所」は、ある程度普遍的に語ることができます。

縮小する国内市場においては、ほとんどの業界で優勝劣敗の淘汰が繰り広げられ、強いものがさらに強くなり勝者が残存者利益を享受するというような様相を呈してきています。また、大企業の海外進出や工場の海外移転が時代の流れとなり、下請け会社が突然契約を打ち切られるような事態も枚挙に暇がなく、事業経営において繁栄と成長を持続する難度は高まるばかりです。

そのような厳しい時代だからこそ、「経営の基本」を着実に実践する必要性がますます高まってきていると言えます。

本書執筆のきっかけは、筆者自身が組織の中で部下を持つ立場になった際、「部下の心を一つにして目標に向かいまい進し、望ましい結果を出し続けるための勘所を学ぶには、現実に事業経営で成功しているオーナー社長の実践を観察するのが最適」と考えたところにあります。

特にノンバンク時代の9年間は、代表取締役として社員とその家族の生活を支える立場となり、事業経営を繁栄させ成長させていくことに対する責任も一層重いものとなりましたから、お会いする名経営者の実践を深く観察し学び咀嚼して筆者自身の経営の実践に生かし、その結果、おかげさまで多くの実績を残すことができました。

オーナー社長とサラリーマン社長との違いはありますが、「社長」という立場（役割）

で考えてみれば、事業経営で実践すべき「基本となる経営の勘所」は同じです。
「経営の勘所八策」を事業承継の局面でもぜひご活用いただきたいと思います。

〈追録〉繁栄と成長を目指すオーナー社長やその後継候補にお勧めする経営書

経営に関する書籍はとても読み切れないほどの種類が出版されています。ですから、限られた時間の中で「これだけは読んでおきたい…」というものは一体どれだろうか――選ぶのに苦労します。

その中から、繁栄と成長を目指すオーナー社長やその後継候補の皆様には、機会があれば次の３冊のご一読をお勧めします。

①幸之助論「経営の神様」松下幸之助の物語　ジョンＰ・コッター著（ダイヤモンド社出版研究所）…ジョンＰ・コッター氏はハーバード・ビジネス・スクール松下幸之助記念講座名誉教授。リーダーシップ論を専門とする経営学者の著作。松下幸之助の人生を語りつつ体系的に幸之助の経営手法や経営哲学を論じ、読みやすく示唆に富みます。

②本田総一郎「やってみもせんで、なにがわかる」　伊丹敬之著（ミネルヴァ書房）…伊丹敬之氏は一橋大学名誉教授。経営戦略等を専門とする学者。経営学者の観点から本田総一郎の生きざまが生き生きと描かれていて勉強になります。

③種の起源（上・下）　ダーウィン著、渡辺政隆訳（光文社）…言わずと知れた世界の名著。変化に適応して種を残していく生物界のありさまが実証的に説明されています。経営に直接関係はありませんが変化への対応力や偶然によって生物が繁殖したり淘汰されるありさまが解説されていますから、大きな意味で経営に役立ちます。

著者

大内　修（おおうち　おさむ）

1947年5月静岡県生まれ。70年3月中央大学卒、三菱銀行（現三菱東京UFJ銀行）入行、青山支店業務課長、事務部次長、人事部次長、深川支店長、支店第三部長、業務開発部長、理事個人部長などを歴任。98年5月同行を退職しダイヤモンドリース（現三菱UFJリース）入社、取締役企画部長、常務取締役企画部長を経て、2003年3月から㈱三菱電機クレジット代表取締役、07年3月より㈱MMCダイヤモンドファイナンス代表取締役、12年6月退任。
著書：『支店長の仕事』（95年、近代セールス社刊）、『エレクトロニックバンキング』（83年、銀行研修社刊）。

金融マンが書いた中小企業のための
経営の勘所八策

2013年2月25日　初版発行

著　者――――大内　修
発行者――――福地　健

発行所――――株式会社近代セールス社
http://www.kindai-sales.co.jp
〒164-8640　東京都中野区中央1-13-9
TEL：03-3366-5701
FAX：03-3366-2706

印刷・製本――株式会社木元省美堂

ISBN 978-4-7650-1173-0